心理学 for you

相馬壽明 編著

八千代出版

執筆者紹介 (執筆順)

矢部富美枝	神田外語大学教授	第1・4章
筒井　雄二	福島大学准教授	第2・3章
星野　悦子	上野学園大学教授	第5・7章
吉岡　昌紀	清泉女子大学教授	第6章
相馬　壽明	元・学習院大学教授	第8・9章
今井　芳昭	東洋大学教授	第10章
竹綱誠一郎	学習院大学教授	第11章
出口　保行	東京未来大学教授	第12章
芳賀　繁	立教大学教授	第13章

はしがき

　本書は，おもに大学生を対象にした心理学の入門書である。心理学の初学者のためのテキストはこれまでにも数多く出版されている。それぞれ著者たちが特色を出しながら，心理学の基本的知識と理論を過不足なくコンパクトにまとめようと努力されており，その点では本書もそれほど大きな違いはない。ただ，これまでのテキストは，どちらかといえば，教える側に重点があり，学ぶ側の期待や関心への目配りが少し足りないように思われる。

　はじめて心理学を学ぶ学生は，あらかじめ心理学に何らかのイメージや期待を抱いていたと思うが，実際に心理学の講義を受講してみると，心理学に対するそれまでのイメージとのあいだにギャップを感じることが多いのではないだろうか。しかし，もともと心理学（サイコロジー）は，マスコミ受けするような（ココロジーといったような）興味や関心に即応するようなものではない。したがって，学生が感じるイメージのギャップはある程度予想されるものであるが，それを少なくする余地がないわけではない。その工夫の一つが，学生が関心を抱く具体的な現象から心理学を説き起こすというアプローチであろう。

　本書では，日頃学生が抱いていると思われる興味のある現象や事実を提示することからはじめて，その心理学的な意味や理解の方法を示して，その背景となっている理論を整理し，歴史的経緯を加えながら説明していくという手順を心がけるようにした。また，本書は，単に講義用のテキストとしてだけでなく，学生が自学自習できるように，内容はできるだけやさしい記述に努め，図表などの視覚的情報を多く配して，文字だけでないビジュアルな紙面になるよう工夫されている。さらに，章末には，実習や演習の課題として，学生が自分自身の理解の到達度を確認できるように，あるいはレポートの課題となるように，各章ごとに「例題」がいくつか示されている。そして，入門書からさらに進んで学びたい学生には，その手引きとなるように参考文献

はしがき

も各章末に掲載されている。このように，本書は，使い方によっては，学生のみならず，教える側にも使いやすいように工夫されている。

本書の構成は，目次に示されているように，二部に大別されている。I部の「心理学の基礎」では，心理学の基本的課題である心の諸機能を理解するための知識と研究の成果が説明されている。II部は，心理学の基礎的理解を経たうえで，心理学を応用した諸分野のなかでも，比較的よく知られている応用心理学の分野から構成されている。いうまでもなく，心理学の応用分野は多岐にわたっているため，すべてを網羅することはできない。したがって，ある程度の偏りは入門書としてはやむをえないが，それを補うために，最新のトピックスなどを含めて「コラム」欄が各章にもうけられている。また，最近では，教養や学問としてだけでなく，就職や資格の取得を目指して心理学を学ぼうとする学生が多くなっている。そのような事情を考慮して，簡単な就職ガイドとして「心理学の資格と仕事」が付録として掲載されている。

考えてみると，本書は，ずいぶん欲張った意図のもとに企画されていると思うが，その成否は読者の判断にゆだねられている。できれば多くの方々がわれわれの意図を理解してくださり，本書を活用していただけるなら，編者としても幸いである。

最後に，本書の企画からご尽力いただいた八千代出版の森口恵美子氏と，こまやかな編集の労を惜しまれなかった熊谷希氏に，心から感謝申し上げる。

2000年2月

編著者

目　次

はしがき

I部　心理学の基礎

1章　感覚と知覚 ——————————————————— 3

1節　感　　覚 ……………………………………………… 3
　　❶ 感覚の種類　3　　❷ 感覚の一般的特性　5
2節　知　　覚 ……………………………………………… 8
　　❶ 形の知覚　8　　❷ 空間の知覚　12
コラム　盲人の障害物知覚／開眼手術後の視覚経験　17

2章　記　　憶 ——————————————————— 19

1節　記憶の過程と構造 …………………………………… 19
　　❶ 記憶の過程　19　　❷ 記憶の構造　20
2節　感覚記憶とパタン認知 ……………………………… 22
　　❶ 感覚記憶　22　　❷ パタン認知　23
3節　短　期　記　憶 ……………………………………… 24
　　❶ 短期記憶からの忘却　24　　❷ 短期記憶の容量　26
4節　長　期　記　憶 ……………………………………… 27
　　❶ 長期記憶からの忘却　27　　❷ 意味記憶とエピソード記憶　29
コラム　アルツハイマー型痴呆症とコリン作動性神経　33

目　次

3章　学　習━━━━━━━━━━━━━━━━━━━━━35

　1節　古典的条件づけ ……………………………………35
　　　❶パブロフの研究　36　　❷恐怖の条件づけ　37　　❸消去
　　　38　　❹般化と分化条件づけ　38　　❺二次条件づけ　39
　　　❻条件刺激と無条件刺激の時間関係　39
　2節　オペラント条件づけ ………………………………40
　　　❶ソーンダイクの研究　40　　❷オペラント条件づけの原理
　　　41　　❸反応形成　43　　❹部分強化と強化スケジュール　44
　　　❺弁別と般化　44　　❻二次強化　45
　コラム　行動療法　48

4章　思考と言語━━━━━━━━━━━━━━━━━━49

　1節　概　　念 ……………………………………………49
　2節　問題解決 ……………………………………………51
　　　❶問題解決の方法　51　　❷専門家と初心者　53
　3節　推　　理 ……………………………………………54
　　　❶演繹的推理　54　　❷帰納的推理　55
　4節　言　　語 ……………………………………………56
　　　❶言語の獲得　56　　❷言語相対性仮説　57
　コラム　チンパンジーの問題解決／野生児　62

5章　情緒と動機━━━━━━━━━━━━━━━━━━63

　1節　感情と情緒 …………………………………………63
　　　❶感情の様態　63　　❷情緒の種類と構造　65　　❸情緒の理
　　　論　69　　❹情緒の伝達　71

　　　　　　　　　　　　　　　　　　　　　　　　　　　　　　　目　次

　　2節　動　　　機 ……………………………………………………73
　　　　　❶動機と動機づけ　73　　❷動機の種類　74　　❸要求阻止と
　　　　　行動　78
　　コラム　感情と認知—卵が先か鶏が先か—　82

6章　発　　　達————————————————————83

　　1節　遺伝と環境 ……………………………………………………83
　　　　　❶発達とは　83　　❷遺伝と環境　83
　　2節　乳児の能力 ……………………………………………………85
　　　　　❶乳児は無力か　85　　❷乳児の能力　85
　　3節　自己の形成 ……………………………………………………86
　　　　　❶自他の融合　86　　❷自他の分離　88　　❸自己の確立　88
　　4節　言葉の発達 ……………………………………………………89
　　　　　❶話しはじめるまで　89　　❷文法，語彙，識字能力　89
　　5節　対人関係の発達 ………………………………………………90
　　　　　❶愛着　90　　❷家族　90　　❸仲間，社会的ネットワーク
　　　　　91
　　6節　社会・文化のなかでの発達 …………………………………92
　　　　　❶社会化　92　　❷基本的生活習慣　92　　❸価値観　93
　　コラム　アイデンティティ　96

7章　知　　　能————————————————————97

　　1節　知能の意味 ……………………………………………………97
　　　　　❶心理学者の定義　97　　❷一般人の知能観　98
　　2節　知能の構造 ……………………………………………………99
　　　　　❶因子分析的アプローチ　99　　❷情報処理的アプローチ　102

v

目　次

3節 知能の発達と測定……………………………………………103
　　❶知能検査の歩み　103　　❷知能の発達と変化　106
4節 知能と創造性………………………………………………108
　　❶創造性とは何か　108　　❷知能と創造性　109
コラム　天才とイディオ・サヴァン　113

8章　性　　格 ―――――――――――――――115

1節 性格とは何か………………………………………………115
　　❶性格を知りたい　115　　❷性格を知る手がかり　116
　　❸性格の定義　117
2節 性格の理論…………………………………………………118
　　❶類型論（タイプ論）　118　　❷特性論　120　　❸力動論　120
3節 性格の変化と一貫性…………………………………………122
　　❶性格の変化（形成と変容）　122　　❷性格の一貫性と安定性　123
コラム　二重人格と多重人格　126

――――― Ⅱ部　応用心理学 ―――――

9章　臨床心理学 ―――――――――――――129

1節 臨床心理学とは何か…………………………………………129
2節 アセスメント…………………………………………………130
　　❶アセスメントとは何か　130　　❷心理検査による心理測定　132　　❸心理検査の種類と特性　132
3節 サイコセラピー………………………………………………134

目　次

　　　　❶ 心理療法とカウンセリング　134　　❷ 心理療法の理論と技法
　　　　135　　❸ 心理療法の構造と過程　137　　❹ 治療技法の適用
　　　　138

　　コラム　臨床心理士　141

10章　社会心理学 ─────────────────────143

　1節　自　　　己 ･･143
　　　　❶ 自己意識とセルフ・モニタリング　143　　❷ 社会的比較
　　　　145　　❸ 社会的アイデンティティ理論と個人的カテゴリ化理論
　　　　146
　2節　好意と恋愛 ･･146
　　　　❶ 誰を好きになるのか　146　　❷ 近接性　147　　❸ 身体的魅
　　　　力　147　　❹ 返報性　148　　❺ 態度の類似性　148
　3節　対人的影響 ･･149
　　　　❶ 影響の及ぼしあい　149　　❷ 受け手が考えること　149
　　　　❸ 影響力　150　　❹ 影響手段　151

　　コラム　マインド・コントロール　154

11章　教育心理学 ─────────────────────155

　1節　オペラント条件づけの教育場面への貢献 ･･････････････････155
　　　　❶ オペラント条件づけ　156　　❷ シェーピング　157　　❸ プ
　　　　ログラム学習　158
　2節　オペラント条件づけを応用する際の留意点 ････････････････160
　　　　❶ 過正当化効果　161　　❷ 認知的評価理論　162

　　コラム　学校心理士（スクールサイコロジスト）　166

目 次

12章 犯罪心理学 ——————————————————— 167

1節 人はなぜ犯罪を犯すのか ……………………………………… 167
2節 犯罪の動機 …………………………………………………… 168
　❶事例Ⅰ　168　❷動機を考える　169　❸動機の分析方法　170
3節 犯罪と性格 …………………………………………………… 170
　❶性格の二面性　170　❷ステレオタイプな性格理解　172
　❸事例Ⅱ　172　❹共感性　173
4節 非　　　行 …………………………………………………… 174
　❶非行少年の定義　174　❷非行少年の分析　174　❸事例Ⅲ　175　❹非行の一般化　175
コラム 拘禁反応／薬物乱用　178

13章 産業心理学 ——————————————————— 179

1節 産業心理学とは ……………………………………………… 179
　❶労働の心理学　179　❷作業から組織行動へ　180　❸消費者,生活者も　180
2節 作業の能率と安全 …………………………………………… 181
　❶作業研究　181　❷労働災害と産業事故　182　❸疲労と作業負担　186　❹職場のストレスとメンタルヘルス　186
3節 組　織　行　動 ……………………………………………… 187
　❶ワークモチベーション　187　❷リーダーシップ　188
　❸職務設計・組織設計　189　❹ヒューマン・リソース・マネジメント　190
4節 消費者行動 …………………………………………………… 191
　❶マーケティング　191　❷購買行動　194

コラム 交通心理学 197

付録 心理学の仕事と資格 199
索　　引 210

I 部

心理学の基礎

1章

感覚と知覚

1節　感　　覚

　狭い道を歩いていて，車が近づいてくるのに気づいて道端に避けたとしよう。車の接近を何によって知ったのであろうか。おそらく，前から来る車ならそれを眼で見て，後ろから来る車なら，その音を耳で聞いて知ったに違いない。われわれは，絶えず眼や耳などの感覚器官を通して環境からの情報を受け取っている。この情報によって，われわれは，車を避けるというような適切な行動をとることができるのである。

1　感覚の種類

　人間には古来五感といわれるように視覚・聴覚・味覚・嗅覚・皮膚感覚（触覚，温・冷覚，痛覚）の5種類の感覚があり，これらの感覚の働きによって，われわれをとりまく環境についての情報を得ている。さらに，運動感覚・平衡感覚・内臓感覚によって，われわれ自身の内部の環境についての情報も得ている。

　たとえば，視覚の働きによってさまざまな光や色を見ることができ，聴覚の働きによってさまざまな音を聞くことができる。こうした感覚経験の違いは，光や音といった刺激の違いによるのであろうか。瞼を閉じて，その上か

I部　心理学の基礎

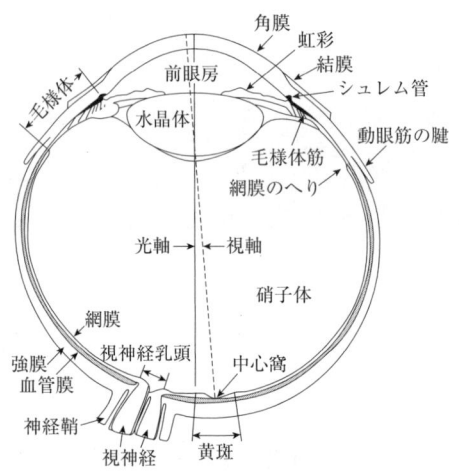

図1-1　ヒトの眼球の断面（村上，1995）

ら眼球を押してみよう。しだいに力を入れていくと、光を感じるようになるだろう。このように、感覚経験の種類の違いは、必ずしも刺激の違いによるわけではない。

　一般に感覚を生じさせる過程は、まず外界または体内からの刺激が感覚器官に到達し、受容器細胞を刺激することからはじまる。すると受容器細胞は、受け取ったエネルギーを電気信号（インパルス）に変換する。視覚の場合、角膜を通過した光は水晶体によって焦点調節が行われ、網膜に像を結ぶ（図1-1）。網膜には**錐体**（cone）と**杆体**（rod）という2種類の視細胞（受容器）がある。網膜の中心部（中心窩）には錐体のみが密集しており、杆体は存在しない。周辺部に行くにつれて、錐体は急激に減少し、杆体が多くなる。錐体は、おもに昼間の明るいところで働き、光に対する感度はあまり高くないが、色を識別でき、解像度も高い。一方杆体は、色を識別できず、解像度も低いが、感度が高く、錐体を刺激するのに十分な光のない夜間におもに働く。夜空を眺めていて視野の端に弱い星の光をとらえることがあるが、よく見ようと視線を向けると見えなくなってしまうのも、錐体と杆体のこのような性

質の違いによって理解することができる。

　受容器で変換された情報は，各感覚神経を経て，大脳皮質の感覚中枢に伝達される。そこではじめて，それぞれの感覚経験がもたらされる。たとえば，視細胞で光刺激によって発生した電気信号は，視覚神経系を通って大脳の後頭葉にある視覚野に伝えられて，光や色の視覚経験を生じさせる。したがって，先述の例のように眼球の圧迫のような刺激でも，視覚神経系が反応すれば視覚経験が生じるのである。ただし，各感覚の受容器は特定の刺激に最もよく反応するように特殊化されており，そのような刺激を**適刺激**（adequate stimulus）といい，それ以外の刺激を**不適刺激**（inadequate stimulus）という。

❷　感覚の一般的特性

(a)　刺　激　閾

　オーディオ装置で録音された音楽を聞くとき，音量をしぼると低音域の音が痩せて聞こえることがある。これは，われわれの聴覚の特性のためである。

　光や音の刺激が物理的に存在しても，それが非常に弱いと，人間の眼で見たり，耳で聞いたりすることができない。感覚を生じさせる最小の刺激の強さを**刺激閾**（stimulus threshold）または**絶対閾**（absolute threshold）という。

　刺激閾の値は固定したものではなく，種々の条件によって変化する。たとえば，聴覚の刺激閾（図1-2）は音の周波数にしたがって変化し，3000～4000 Hz では 20 μPa（0.0002 μbar）以下にもなる。つまり，この範囲の音が最も聞こえやすく，これより高い音や低い音は聞こえにくいということである。したがって，周波数の高い音や低い音は，音圧がかなり強くないとよく聞こえない。しかも，低音域において刺激閾の上昇が急激であることから，音楽の再生で問題となるのは低音域であることがわかる。

　また，最適条件下で測定された刺激閾は非常に低い値であり，このことは人間の感覚の鋭敏さを示している。たとえば，ヘクトラ（Hecht, S. et al., 1942）は，被験者を十分に暗順応させた後，視野の周辺部に波長 510 nm（ナノメートル）の光を提示して刺激閾を測定した。これは，杆体の刺激閾を測定した

I部　心理学の基礎

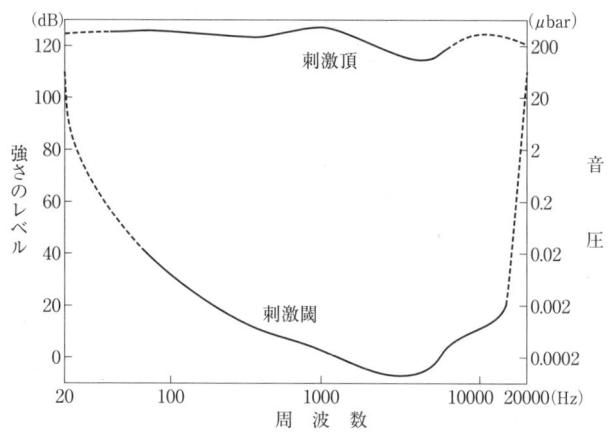

図1-2　可聴範囲（Fletcher, 1940を改変）

ことになるが，すでに述べたように杆体は錐体より光に対する感度が高く，とくに500 nm付近の光（緑）に対する感度が最も高い（ちなみに，錐体は550 nm付近の光〔黄色がかった緑〕に対する感度が最も高い）。測定の結果から，視細胞は1個の光量子に対してさえ反応すると推定されている。

(b) 弁　別　閾

夕方電灯をつければ明るくなったことは一目瞭然であるが，昼間同じ電灯をつけても少しも明るくなったような気がしない。感覚的に区別できる最小の刺激の差を**弁別閾**（differential threshold）というが，一般に刺激が強くなるにしたがって，弁別閾はほぼ比例して大きくなる。すなわち，より大きな差でないと感知できなくなる。この関係は，標準の刺激の強度（I）と弁別閾（ΔI）の比が一定，すなわち

$$\Delta I/I = 一定$$

のかたちで表され，発見者であるドイツの生理学者ウェーバー（Weber, E. H.）の名をとって，**ウェーバーの法則**という。またこの比をウェーバー比という。ただし，ウェーバーの法則は刺激変化の限られた範囲内でしか成立せず，刺激が非常に弱いときには，ウェーバー比が大きくなる傾向がある。

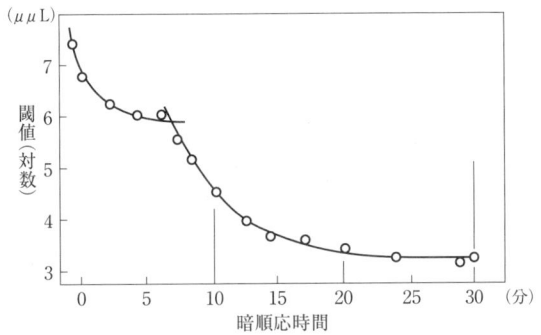

図1-3 暗順応曲線（Hecht & Shlaer, 1938）

(c) 順　　応

　腕時計をした直後は腕に時計の感触があるが，すぐに感じなくなってしまう。また，香水をつけても，しばらくすると本人にはその匂いがわからなくなってしまう。このように，刺激が持続して与えられると，それに対する感受性が変化（通常低下）する。この過程を**順応**（adaptation）という。視覚においては，感受性の低下という通常の意味での順応の過程を**明順応**（light adaptation）という。薄暗い屋内から急に明るい戸外に出ると，最初は非常にまぶしいがすぐに慣れてしまう。一方，明るいところから暗いところに移って，しだいに感受性が上昇する過程を**暗順応**（dark adaptation）といい，むしろ順応からの回復に相当する。映画館で場内が暗くなった直後は周囲の様子がよく見えないが，しだいに見えるようになるのがこの暗順応である。暗順応の過程を光に対する刺激閾の変化によって表したものを暗順応曲線（図1-3）という。曲線の屈曲の前は，おもに錐体の，その後は杆体の暗順応過程を示していると考えられている。錐体は，急速に刺激閾が低下するが短時間で終わり，感受性の上昇は小さい。杆体の順応過程はゆっくりとしているが，30分ほどにわたって持続し，感受性は大きく上昇する。

2節 知　覚

われわれは、感覚器官を通して環境からさまざまな情報を得ているが、それだけでは適切な行動をとることはできない。単なる光や色、音の寄せ集めではなく、近づいてくる車という意味のあるものとして解釈されることによって、それを避けるという行動が起こるのである。このように知覚の過程は、外界をそのまま写しとるものではなく、感覚情報を解釈し意味のある知覚経験をつくりあげる能動的な過程である。知覚のこのような特性を顕著に示すのが**主観的輪郭**（subjective contour）である。図1-4を見ると、物理的には輪郭線が存在しないにもかかわらず、白い三角形が知覚される。しかもこの三角形は、背景よりも明るく見えるだろう。知覚過程が不完全な感覚情報を補っているのである。

❶ 形の知覚

(a) 図と地の分節

図1-5は「ふしぎなツボ」と題する18世紀の画家の作品（1794年、メトロポリタン美術館蔵）で隠し絵となっているが、いくつの顔を見つけることができるだろうか。

何らかの対象が知覚されるためには、視野のなかに異質の領域が存在しなくてはならない。視野がいくつかの異質の部分に分化した場合、対象としてのまとまりを持った部分を**図**（figure）、背景として特別の意味を持たない部分を**地**（ground）といい、図と地の見え方にはっきりとした差がある。図ははっきりとしたかたちを持ち、地を背景として浮かび上がり、それに対して地のほうは特定のかたちを持たず、図の背後にまで広がっている印象を与える。図と地の

図1-4　主観的輪郭
(Kanizsa, 1976)

1章　感覚と知覚

図1-5　「ふしぎなツボ」（坂根, 1985）

境界である輪郭は図に属し，地は輪郭を持たない。図のほうがより印象的で，注意を引きやすい（Rubin, 1921）。通常は，刺激の配置から図になりやすい領域は決まっており安定した見え方をするが，二つ以上の部分が同程度に図になりやすい場合，持続的に見ているとしばしば図と地の関係が反転する。たとえば，図1-6では白い扇形と黒い扇形が交互に図となって浮き出して見える。このような**図-地反転図形**を用いて，どのような領域が図になりやすいか，あるいは図になりにくいかを調べることができる。一般に面積が小さく周囲との明るさの差が大きく，暖色系統の色で垂直・水平方向に広がった閉じた領域が図になりやすいとされる。

　以上のような条件を利用して，地になりやすい領域に意味のあるかたちを隠すと，背景として特別のかたちを持たないように知覚され，そのかたちを見つけるのは困難になる。

　図と地の現象は視覚に限られるものではなく，たとえばピアノ協奏曲を聞いていると，オーケストラの演奏に対してピアノの演奏が図としてきわだって聞こえる。あるいは，花屋でさまざまな花の香りのなかにユリの香りをか

Ⅰ部　心理学の基礎

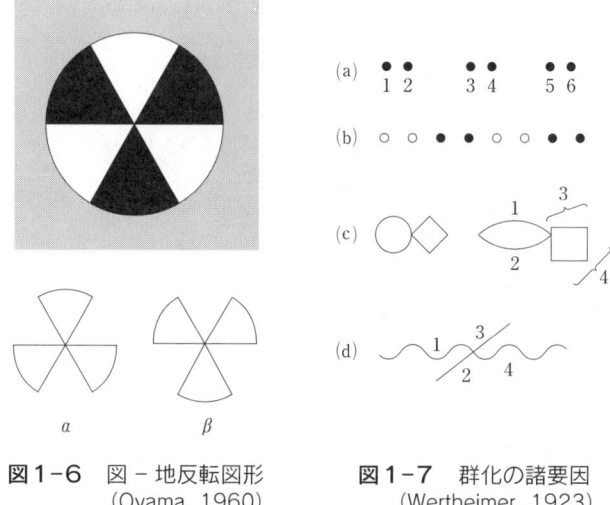

図1-6　図－地反転図形
　　　（Oyama, 1960）

図1-7　群化の諸要因
　　　（Wertheimer, 1923）

ぐときも，他の花の香りは地となって特別の注意を引かない。

　(b)　知覚的群化

　古来人々は夜空を見上げては，さまざまな星座を見てきた。星々の間には本来何のつながりもないにもかかわらず，われわれはいくつかの星をひとまとめにして，それをさまざまな動物や物に見立てているのである。

　視野のなかにいくつかの異質な領域があるとき，図と地に分化することはすでに見たが，複数の図となる領域があるとき，それらが互いに無関係で無秩序な断片の寄せ集めとしてではなく，互いに関連しあい，いくつかのまとまりをなし，秩序のある世界が知覚される。これを**知覚的群化**（perceptual grouping），または単に群化という。

　ヴェルトハイマー（Wertheimer, M., 1923）は，群化を規定する要因として以下のようなものをあげている。

　①近接の要因　図1-7(a)のように，他の条件が一定ならば，近いものがまとまって見える。夜空にいくつかの安定したまとまりとしての星座が見えるのはこの要因による。

THE CAT

図1-8 文脈効果（Selfridge, 1955）

②類同の要因　図1-7(b)のように，他の条件が同じなら類似のものがまとまって見える。石原式色盲検査表はこれを利用したものである。

③閉合の要因　図1-7(c)のように，閉じた領域をつくるものはまとまりやすい。したがって図中の1と2，3と4がまとまって見える。

④よい連続の要因　図1-7(d)のように，なめらかな連続を示すものがまとまりやすい。したがって図中の1と4，2と3がまとまって見える。

群化は視覚だけでなく他の感覚領域においても見られる。たとえば，聴覚においては，視覚における空間的近接と同様に時間的近接の要因が働く。音楽を聞くときに，これによってメロディーがまとめられる。また，バッハのフーガなどのように多声部を持つ曲の場合，よい連続の要因によって各声部のメロディーにまとめられるのである。

(c) 文脈効果

採点されて返却された答案を見ると，何度も見直したはずなのに誤字や脱字があって減点されていたというような経験をしたことはないだろうか。

これまで見てきた知覚の現象は，物理的刺激と知覚体験が一致しないこともあるが，ほとんど刺激の配置に規定されて自動的に起こるものであった。このように，刺激が感覚器官に到着することにはじまり，中枢へと進む処理を**ボトムアップ処理**（bottom-up processing）または**データ駆動型処理**（data-driven processing）といい，刺激の物理的特性に強く規定される。しかし，われわれの知覚は刺激だけでなく，周囲の状況（文脈）や知識，それによって生じる期待などの影響も受けている。そのような，現在経験している事象についての知識，期待からはじまり，確認のための事実を探すような処理を**トップダウン処理**（top-down processing）または**概念駆動型処理**（concept-driven processing）という。図1-8は文脈や知識が知覚に影響を及ぼすよい例である。

ほとんど誰でも，これを THE CAT と読むだろう。二つの単語の中央の文字は物理的には同じものであるにもかかわらず，TとEのあいだではH，CとTのあいだではAと解釈される。このように文字を囲む文脈が，その文字をどう読むかに影響している。当然のことながら，このような文脈効果が現れるのは英語の知識を持っているからこそである。

　人間の知覚においては，この二つの過程が同時に働いており，いずれか一方のみということはほとんどない。それによって効率的な知覚ができるのである。もし，文脈情報・知識が欠如している場合，感覚情報に依存するために，必要とされる処理量は増大すると同時に，感覚情報はノイズが多いために誤りも多くなる。はじめて乗った路線の電車内での駅名放送は非常に聞き取りにくく，また聞き間違いも多いものである。一方，感覚情報が弱かったり，あいまいだったりする場合，文脈情報・知識が補うが，ときには実際のことではなく，期待していることを知覚してしまうこともある。ふだん利用している路線での車内放送は，かなりの騒音で本来なら聞き取れないような場合でも，聞き取ることができる。感覚情報の欠落を知識が補っているのである。最初の答案の誤字・脱字の例も文脈や知識の影響が強く出て，実際に書いてあることではなく，書いたつもりのことを読んでいたと考えることができる。

2　空間の知覚

(a)　知覚の恒常性

　観光地で写真をとり，現像してみたら人物が意外に小さく写っていてがっかりしたことはないだろうか。

　眼はしばしばカメラにたとえられるように，網膜に写った外界の像は，フィルム上の像と同様に幾何光学的法則にしたがい，対象までの距離が2倍になれば，対象の像の大きさは2分の1になる。ところが，われわれは網膜像が2分の1になったからといって，対象の大きさが2分の1になってしまったというようには知覚しない。実際に見ているときは，ある程度離れた場所

に立っている人も近くにいる人とほとんど同じ大きさに見えているが，写真にとってみるとその大きさの差がはっきりと現れるのである。このように，対象との距離が変化しても見えの大きさは比較的一定に保たれる現象を，**大きさの恒常性**（size constancy）という。恒常性は対象までの距離に関する情報の豊富さに関連している（Holway & Boring, 1941）。情報が豊富な両眼視の条件では，遠く見えるものがむしろ過大視される超恒常性の傾向が見られ，距離に関する情報がある程度少なくなる単眼視でもほぼ完全な恒常性が見られた。一方，小さな穴を通して見たり，あるいは管を通して見たりするような距離に関する情報が少なくなる条件では，恒常性が減少し，見えの大きさは網膜像に近づいていった。

恒常性の現象は，かたちや明るさ・色などについても認められる。対象からの感覚情報は時々刻々著しく変化するが，恒常性によって安定した知覚世界が成立し，事物の同一性が知覚されるのである。

(b) 奥行き知覚

網膜像は二次元的なものであるにもかかわらず，どうしてわれわれは三次元空間内の対象の遠近，距離，広がりを知覚することができるのであろうか。こうした**奥行き知覚**（depth perception）にはさまざまな手がかりが用いられる。

①調節　近いものを見るときには，水晶体を厚くして網膜像のピントを合わせる。このときの毛様体の緊張の程度が奥行き（約2mまで）の手がかりとなる。

②輻輳　両眼で対象を見ると，視線は注視する対象のところで交わる。近くを見るときは，両眼が内側に回転して視線のなす角（輻輳）は大きくなる。このときの動眼筋の緊張の程度が奥行き（約20mまで）の手がかりとなる。指を1本立てて，それを両眼で見つめながら，指を前後に動かしてみよう。動眼筋の緊張の程度の変化を感じることができるだろう。

③両眼視差　両眼は水平方向に約6cm離れているため，左右の網膜像にずれが生じる。指を前に立てて，左右の眼を交互に閉じて片眼で見ると，

I部　心理学の基礎

図1-9　ランダムドット・ステレオグラム（Julesz, 1971）

その違いがわかるが，両眼で見るときには左右の網膜像が融合されて奥行き感のある指の像が見える。

　これを利用したのが，**ステレオグラム**（stereogram）で，視差に応ずるずれを持つ2枚の平面図からなる。これを**ステレオスコープ**（stereoscope）などを用いて左右の眼に別々に提示すると，奥行きを持ったパターンを見ることができる。しかも輪郭などのかたちの手がかりを含まないランダムドット・ステレオグラム（図1-9）でも，左右の網膜像が融合すれば奥行きを感じることができる。図1-9の二つの図の間に厚紙などを立てて，右の図が右眼にだけ，左の図が左目にだけ映るように見おろして見よう。小さな正方形が浮き出して見えるようになるだろう。

　④**運動視差**　列車の窓から景色を眺めると，近くの電柱は飛ぶように後方に去っていくが，遠くの山は進行方向にゆっくりと動いているように見える。このように観察者が運動すると，視点が移動して網膜像が変化するが，その変化は近くのものほど大きい。また注視点より近いものは後方に，遠いものは前方に動くように見える。これは頭を左右に振ってみれば，すぐに確かめることができる。このような網膜像の変化が奥行きの手がかりとなる。

　以上のほかに，網膜像の大きさ，線遠近法，きめの勾配，大気遠近法，重なりあい，陰影などの手がかりがある。これらの手がかりは，絵画や写真のような二次元的なものを見るときにも利用される。

> **例題**
>
> 1 日暮れ時になると，昼間鮮やかに咲き競っていた赤い花の色が目立たなくなってしまい，一方木々の緑が明るく鮮やかに見えることがある。この現象は，19世紀のチェコの生理学者プルキンエ（Purkinje, J. E.）によって発見され，プルキンエ現象と呼ばれている。この現象は，視覚系のどのような特性によって生じるのか考えてみよう。
> 2 白いカードを二つに折り，折り山が前後方向になるように屋根型に机の上に置き，折り山の中央のあたりを斜め上方から単眼で見つめていると，まもなく紙は突然立ち上がって開いた本を立てたように見えてくる。この段階でゆっくりと頭を左右に動かして，紙がどのように見えるようになるか注意深く観察しよう。そして，どうしてそのような現象が起こるのか考えてみよう。

引用文献

Fletcher, H. 1940 Auditory patterns. *Reviews of Modern Physics*, 12, 47–65.

Hecht, S. & Shlaer, S. 1938 An adaptometer for measuring human dark adaptation. *Journal of Optical Society of America*, 38, 269–275.

Hecht, S., Shlaer, S. & Pirenne, M. H. 1942 Energy, quanta, and vision. *Journal of General Physiology*, 25, 819–840.

Holway, A. H. & Boring, E. G. 1941 Determinants of apparent visual size with distance variant. *American Journal of Psychology*, 54, 21–37.

Julesz, B. 1971 *Foundations of cyclopean perception*. Chicago : University of Chicago Press.

Kanizsa, G. 1976 Subjective contours. *Scientific American*, June. 金子隆芳訳 1982 「存在しない輪郭がなぜ見える」大山正編『イメージの科学―特集 視覚の心理―』（別冊サイエンス 56）日経サイエンス社

村上元彦 1995 『どうしてものが見えるのか』（岩波新書）岩波書店

Oyama, T. 1960 Figure–ground dominance as a function of sector-angle, brightness, hue, and orientation. *Journal of Experimental Psychology*, 60, 299–305.

Rubin, E. 1921 *Visuell wahrgenommene Figuren*. Copenhagen : Gyldendaske.

坂根厳夫 1985 『遊びの博物誌』1（朝日文庫）朝日新聞社

Selfridge, O. G. 1955 Pattern recognition and modern computers. *Proceedings of the Western Joint Computer Conference*.

Senden, M. von 1932 *Raum–und Gestaltauffassung bei operierten Blind-*

geborenen vor und nach der Operation. Leipzig : J. A. Barth.
Supa, M., Cotzin, M. & Dallenbach, K. M.　1944　Facial vision : The perception of obstacles by the blind. *American Journal of Psychology*, **57**, 133-183.
鳥居修晃　1983　「先天盲の開眼手術と視知覚の形成」『サイエンス―*Scientific American* 日本版―』7月　日経サイエンス社
Wertheimer, M.　1923　Untersuchungen zur Lehre von der Gestalt, II. *Psychologische Forschung*, 4, 301-350.

参考文献

池田光男　1988　『眼はなにを見ているか―視覚系の情報処理―』（平凡社・自然叢書8）平凡社
金城辰夫・野口薫ほか　1984　『心理学概論―現代人のこころを解明―』（有斐閣大学双書）有斐閣
リンゼイ, P. H., ノーマン, D. A.　中溝幸夫ほか訳　1983-1985　『情報処理心理学入門』Ⅰ-Ⅲ，第2版　サイエンス社
大山正編　1984　『実験心理学』東京大学出版会

コラム

盲人の障害物知覚

まったく眼の見えない人もたくみに障害物を避けることができることは古くから知られており，さまざまな説明が試みられてきた。よく知られているものとしては，顔に当たる空気の変化によって知るという説明である。これを顔面視（facial vision）という。

アメリカの心理学者ダレンバック（Dallenbach, K. M.）らは，自身視覚障害者であるスパ（Supa, M.）と協力して，この仮説を検証する実験を行った（Supa et al., 1944）。盲人の被験者を衝立に向かって歩かせると，その数m手前で衝立に気づき，さらに十数cmまで近づくことができた。顔に厚いフェルトの覆いをかぶせてもこの能力は損なわれなかったが，耳栓をすると衝立に気づかずにぶつかってしまった。最後に別室で人の歩く足音と反響をヘッドフォーンで聞かせたところ，障害物を知覚することができた。これらの結果は，盲人が顔面視ではなく，足音などの反響を利用して障害物を知覚していることを明らかにしている。この研究は，その後視覚障害者のための聴覚による感覚代行の研究に発展した。

開眼手術後の視覚経験

角膜や水晶体の混濁による失明で，網膜や視神経に病変がない場合には，角膜移植や水晶体摘出などの外科的処置によって，失明の原因となった障害を取り除くことができる。このような手術を開眼手術という。フランスの文学者ジッド（Gide, A.）の「田園交響楽」のなかで，盲目のヒロインが開眼手術後すぐに人を見分けることができたように，一般に手術が成功すれば，すぐにものが見えるようになると考えられがちである。

しかし，光覚程度は残存している（明暗が識別できる）先天盲ないしは早期失明者の場合，開眼手術が成功しても，それですぐにものが見えるようになるわけではない。ゼンデン（Senden, M. von, 1932）によれば，開眼手術直後はかたちはもとより色の識別もできず，見えるものは種々の明るさの集合でしかないという。かたちや事物が認識できるようになるためには，訓練が必要であり，しかも長期にわたることもまれではない（鳥居，1983）。色彩の弁別・同定から平面的なかたちの弁別・同定ができるようになるのにも，図領域の検出，図の大小，方向の弁別など，いくつかの段階を踏んでいく。ようやく平面図形が認識できるようになったとしても，立体図形の認識までにはまだかなりの隔たりがある。

2章

記憶

われわれの日常生活と記憶とは密接な関係がある。たとえば，われわれは家族や友人の顔や名前を記憶しているし，自分の家がどこにあるのかを記憶している。また，言葉の意味を記憶しているから話すこともできるし，会話中の相手の発話を記憶していられるから，それに対する返答もできる。

しかし，ふだんの生活のなかで記憶の重要性を意識することはあまりない。健康をそこねたときにはじめて健康のありがたさを認識するのと同じように，われわれは，記憶が正常に機能しなくなったときにはじめて記憶の重要さに気がつくのである。たとえば，アルツハイマー型痴呆症という記憶障害を主とする病気にかかると，それが重症化した場合，家族の顔や名前，自分の家の所在すら忘れてしまう。また，直前の会話の内容を忘れてしまうことが多く，同じ話が何度も繰り返される。こうなると，患者の苦しみはもちろんであるが，介護する家族の身体的，心理的ダメージははかりしれない。このように，記憶はわれわれの日常生活の基盤となっているといっても過言ではない。

1節　記憶の過程と構造

1 記憶の過程

英単語の試験を受けることを想像してみよう。まず，われわれは試験にそ

なえて英単語の綴りやその意味を覚えるという作業をする。試験勉強である。そして，試験の時間になったら，試験勉強で覚えたことを思い出し，答案に解答を書く。

　時間経過にしたがったこのような作業の流れは，記憶における三つの段階に対応する。記憶過程には，まず外界の情報や記憶すべきことがらを覚える段階がある。これを**記銘**（memorization）という。次に，覚えた情報やことがらを維持している段階があり，これを**保持**（retention）という。最後に，覚えた情報やことがらを思い出す段階がある。これを**想起**（recall）という。

　想起の形式には**再生**（recall），**再認**（recognition），**再構成**（reconstruction）がある。再生とは，記銘させたことがらを何らかのかたちで再現させる方法である。再認は，記銘させたことがらを再び提示し，記銘しているかどうかを確かめる方法である。再構成は，記銘させた素材の順序，配列を崩して提示し，それらを再構成させる方法である。一般には，再構成，再認，再生の順に遂行がむずかしい。

　記憶の過程を一種の情報処理の過程とみなす研究者たちは，記銘，保持，想起を，それぞれ**符号化**（encoding），**貯蔵**（storage），**検索**（retrieval）と呼んでいる。

2　記憶の構造

　出前をとるために電話をかけたピザ屋の電話番号は，電話をかけてしばらくすると思い出せなくなる。しかし，自宅や職場の電話番号はそう簡単には忘れない。このような保持時間の長さに基づき，記憶を三つに区分することができる（図2-1）。

　外界の情報は目や耳などの感覚器官から入力されてくるが，それらの情報は，まず，感覚器官でごく短時間（1秒以内）保持される。これを**感覚記憶**（sensory memory）という。感覚記憶に入った情報のうち，注意を向けられた情報は，パタン認知による処理を受け，**短期記憶**（short-term memory）で保持されることになる。短期記憶に入った情報は，**リハーサル**（rehearsal）と

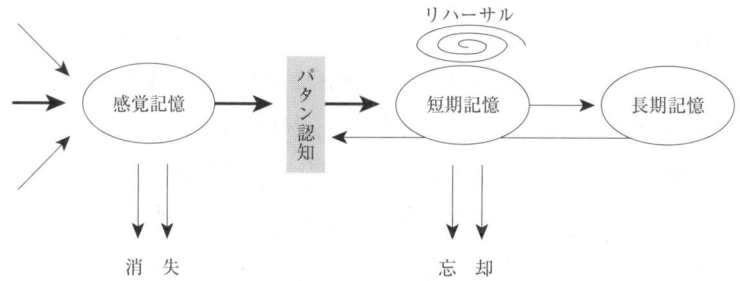

図2-1 記憶構造の概念図

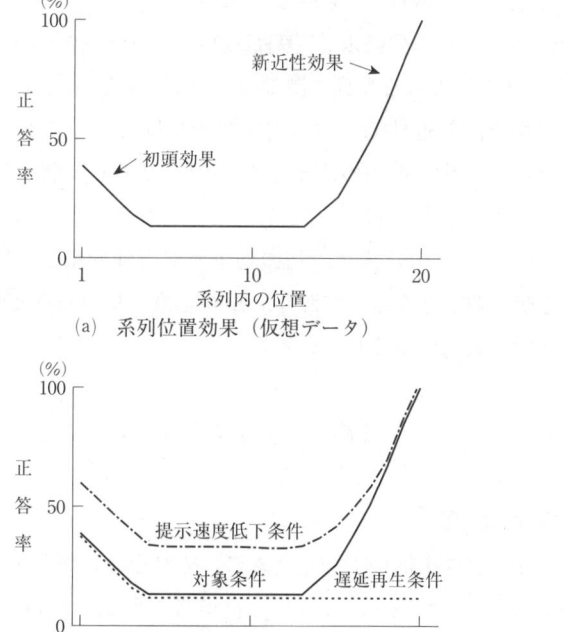

(a) 系列位置効果（仮想データ）

(b) リスト提示後の30秒後に再生をはじめた場合（遅延再生条件）の仮想データと，項目の提示速度を低下させた場合（提示速度低下条件）の仮想データ

図2-2 系列位置曲線

いって，声に出してブツブツとつぶやいたり，内的に繰り返しているあいだ維持される。しかし，リハーサルをやめると約20秒以内に思い出すことができなくなる。十分にリハーサルされた情報や意味的に処理された情報は，**長期記憶**（long-term memory）に転送され，永続的に保持されることになる。

　注意を向けられた情報の記憶を二つの過程，すなわち短期記憶と長期記憶が担うとする仮説を記憶の二過程説（two-process theory of memory）という。短期記憶と長期記憶を区別できるとする根拠の一つは，これらの記憶が異なる要因によって影響を受けるという事実である。たとえば，20個の単語を一つずつ提示し記銘させた後，提示した順序とは関係なく再生させる。そのときの正答率を系列内の位置との関係で示すと，系列初頭部（初頭効果〔primacy effect〕）と系列終末部（新近性効果〔recency effect〕）での正答率が高くなる（図2-2(a)）。これを**系列位置効果**（serial position effect）という。初頭効果は長期記憶を，新近性効果は短期記憶を反映していると考えられているが，単語を提示した後，再生の開始を30秒遅らせると，新近性効果だけが弱まる（図2-2(b)）。また，項目の提示速度を遅くすると，初頭効果だけが強まる（図2-2(b)）。これらの結果は，初頭効果と新近性効果とが異なる要因によって影響を受けることを示しており，短期記憶と長期記憶とが別々のシステムであるとする仮説を支持している。

2節　感覚記憶とパタン認知

❶　感 覚 記 憶

　ステレオで音楽を聞いているときに，それを急に中断すると，演奏は停止しているにもかかわらず，しばらく音が聞こえるような感じがする。これが聴覚における感覚記憶である。感覚記憶の特徴は，それぞれの感覚器官で感覚的形態（視覚的形態や音のパタン）のまま，ごく短時間保持されることである。最も研究されているのは視覚と聴覚の感覚記憶で，それぞれアイコニック・メモリ，エコイック・メモリと呼ばれている。

アイコニック・メモリに関するスパーリング（Sperling, G., 1960）の研究を紹介しよう。アルファベット9文字を3×3のマトリクス状に配列し，これを被験者に50ミリ秒提示する。その直後にできるだけ多くの文字を再生するよう被験者に求める条件（全体報告法）では，平均して4文字ないし5文字が再生された。一方，文字の提示直後に高い音，中間の音，低い音のどれかを提示することで，マトリクスの特定の行を指定し，指定した行に書かれた3文字を再生させる条件（部分報告法）では，どの行を指定した場合でも3文字すべてが再生された。部分報告法による結果から，刺激の提示直後には被験者は9文字すべてを記憶していると推定できる。しかし，音の提示を1秒遅らせると，全体報告法の結果と差がなくなることから，視覚情報の感覚記憶は約1秒で消失すると考えられる。

2 パタン認知

感覚記憶の一つの特徴は，外界の情報を感覚的形態，つまり生の状態で処理することである。たとえば，アルファベットの「A」が提示されたとき，これを文字「A（エイ）」として処理するのではなく，三つの線分，「／」「＼」「―」が組み合わされた形態として処理している。形態「A」を文字「A（エイ）」として認識するための処理にかかわるのが，**パタン認知**（pattern recognition）である。

形態「A」を文字「A（エイ）」として認識することが簡単ではないことは，同様の作業をコンピュータに行わせるのがむずかしいことからも想像できる。たとえば，手書きで書かれた「A」は，線分の長さや角度，文字の大きさなどが人によって異なり，それらをすべて文字「A（エイ）」として認識できるようなコンピュータ・ソフトは，今日でも開発の途上にある。いったい，われわれはどのようなしくみでパタン認知を行っているのだろうか。

鋳型照合（template matching）という仮説は，長期記憶にあらゆる刺激のコピー（鋳型）が保存されていて，入力された刺激と鋳型を照合することで刺激を認知すると説明する。**特徴分析**（feature analysis）という仮説では，外界

の刺激をいくつかの特徴の寄せ集めとみなす。たとえば，「A」は「／」「＼」「―」という三つの特徴の寄せ集めである。そして，刺激が持つ特徴が長期記憶に保存されている特徴のリストと比較され，よく一致する特徴を持つ記憶表象が認知内容を決定すると説明する。

　鋳型照合と特徴分析のいずれの仮説も，入力された刺激を認識するための作業の過程で長期記憶に保存されている情報を参照するという共通点がある。パタン認知の過程で文字として，あるいは図形として認識された刺激は，短期記憶に転送される。

3節　短期記憶

1　短期記憶からの忘却

　われわれが1日のうちに処理する情報の量は莫大である。新聞を読んだり，テレビを見たり，友人と会話をしたりしているときにも，短期記憶には常に新しい情報が入力されている。しかし，それらの情報のうち，ほとんどの情報は忘却されてしまう。いったい忘却はどのようにして生じるのだろうか。

　ピーターソン夫妻（Peterson, L. R. & Peterson, M. J., 1959）は三つの子音からなる文字系列（たとえば，PSQ）を被験者に記銘させた。そして，一定の保持時間の後にそれを再生させた。保持時間のあいだ，被験者がリハーサルをしないようにするため，3ケタの数字を提示し，再生の合図を出すまでメトロノームの音に合わせて3の引き算を続けさせた。実験の結果，記銘後3秒から18秒のあいだに正答率は急速に低下し，18秒後の正答率は10％以下であった（図2-3）。ピーターソン夫妻の実験は，忘却が時間の経過とともに進んでいく様子をとらえており，忘却を時間経過にともなう記憶痕跡の崩壊と仮定する崩壊説（decay theory）を支持している。

　一方，新しいことがらを覚えたときに，それ以前に覚えたことがらや，それよりも後で覚えたことがらが妨害して忘却が引き起こされるとする仮説を干渉説（interference theory）という。先行の学習が後続の学習を妨害するこ

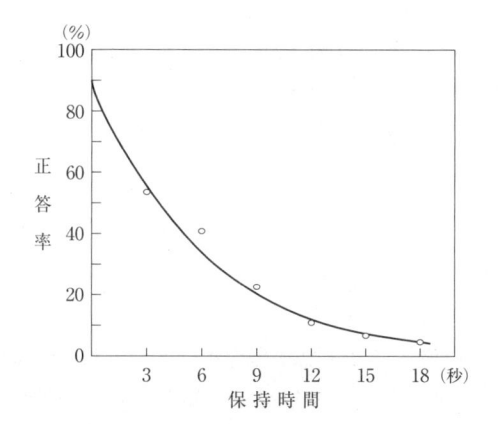

図2-3 保持時間にともなう正答率の変化(Peterson L. R. & M. J., 1959)

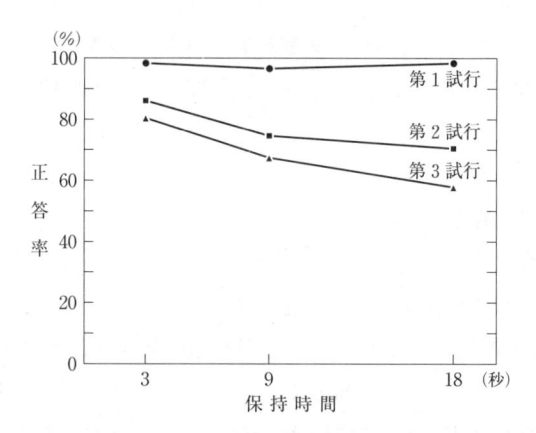

図2-4 保持時間にともなう正答率の変化(試行ごとに成績を示した)
(Keppel & Underwood, 1962)

とを**順向抑制**（proactive inhibition），後続の学習が先行の学習を妨害することを**逆向抑制**（retroactive inhibition）という。ケッペルとアンダーウッド（Keppel, G. & Underwood, B. J., 1962）はピーターソン夫妻と同様の実験を行ったが，被験者にはわずか3試行のみ参加させ，さらに，各試行の結果を別々に分析した（図2-4）。その結果，第1試行では時間の経過にともなう正答率の低下はほとんど見られなかった。しかし，第2試行，第3試行と，試行数が増加するにしたがって，とくに長い保持時間での正答率の低下が大きくなった。この結果は，忘却が順向抑制によって引き起こされることを示しており，忘却の干渉説を支持している。第1試行のように順向抑制による影響を受けない試行では，保持時間にともなう忘却がほとんど起こらないという結果をあわせて考えると，ピーターソン夫妻の実験結果を順向抑制の影響によるものと解釈することも可能である。

干渉は記銘材料の類似性による影響を受ける。たとえば，三つの子音からなる文字系列を記銘材料としたリストをつくり，記銘させてから再生させるという試行を3回繰り返す。すると，試行を重ねるにしたがってテストの成績は悪くなる。しかし，その後で記銘材料を3ケタの数字に変更すると，成績は再び上昇する。このような現象を**順向抑制からの解除**（releasing from proactive inhibition）という。

2 短期記憶の容量

短期記憶の容量には限度がある。たとえば，1ケタの数字を1秒に一つずつ提示し，提示直後に再生を求めると，項目数が7になったときに正答率がおよそ50％になる。このことから，短期記憶の容量は平均すると約7項目だといわれている。ミラー（Miller, G. A., 1956）はこれを「不思議な数，7±2」という論文で発表した。短期記憶で保持することができる項目数の制約のことを**記憶範囲**（memory span）という。

われわれは平均すると一度に7項目しか記憶できないのに，時として，驚くほどたくさんの情報を一度に記憶する人がいる。たとえば，数十ケタの数

字を一度に記憶したり，囲碁における碁石や将棋における駒の配列を瞬時に記憶する特技を持つ人たちである。彼らの記憶範囲はわれわれとは違うのだろうか。

　記憶範囲は平均すると7項目だが，それは，7ケタの数字や七つの文字しか記憶できないということではない。個々の数字や文字を結びつけることによってまとまりをつくれば，それを一つの項目として処理することができる。仮に，1・1・0・1・1・9という六つの数字を覚えるときに，それぞれをばらばらに覚えるのではなく，110と119というように，二つのまとまりとしてとらえることができれば，2項目の情報として処理することができるのである。そのようなまとまりのことを**チャンク**（chunk）という。大きなチャンクをつくることができれば，大量の情報を保持することが可能になる。

4節　長期記憶

1　長期記憶からの忘却

　実験的記憶研究の創始者といわれる**エビングハウス**（Ebbinghaus, H., 1885）は，自らを被験対象として，無意味綴り（nonsense syllable）のリストを一定基準に到達するまで学習した。そして，一定時間が過ぎた後で，再び同じリストを同じ基準まで学習する場合に，どのくらいの時間（または試行数）を節約できるのかを**節約率**（saving rate）として算出した。学習した内容が保持されていれば節約率は大きくなる。実験の結果，記銘後約20分で節約率は約58％に，1日後には約33％まで低下した。エビングハウスが示した，節約率を保持時間の関数として示したグラフ（図2-5）を**忘却曲線**（forgetting curve）という。

　長期記憶において忘却が生じる要因の一つは干渉である。被験者に無意味綴りを記憶させた後，眠った場合と起きていた場合とでは，眠った場合のほうが記憶成績は高い。起きているあいだに起こるさまざまな経験の記憶が保持情報の想起に妨害的に働くのである。

I部 心理学の基礎

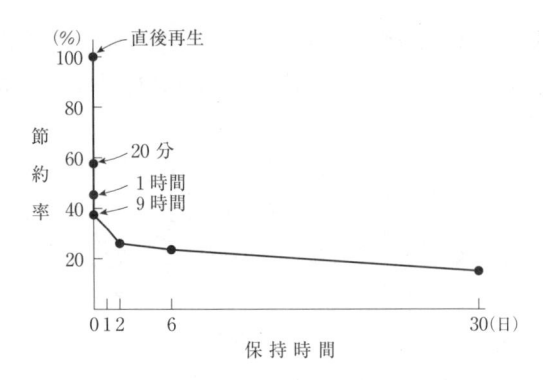

```
(%)
100  直後再生
 80
節 60   20分
約     1時間
率 40   9時間
 20
  0 1 2   6              30 (日)
         保 持 時 間
```

図2-5 忘却曲線 (Ebbinghaus, 1885)

　別の実験 (Barnes & Underwood, 1959) では，**対連合学習** (paired-associate learning) と呼ばれる課題が用いられた。対連合学習とは，"dog－いぬ"というように，二つの項目を結びつける学習である。二つの項目のうち，一方を手がかりとして与えて，結びつけた項目を保持しているかどうかをテストする。はじめに，八つの対からなるリスト（A－Bリスト）を十分に学習させ，次に，対の一方が異なる新しいリスト（A－Cリスト）を学習させる。保持テストとしてAと結びついた二つの語（BとC）を答えさせると，A－Cリストの学習回数が少ない場合にはBの回答率は高いが，A－Cリストの学習回数が多い場合にはBの回答率が低くなる。A－Bリストの記憶がA－Cリストの学習回数によって影響を受けることから，逆向抑制が長期記憶における忘却の要因として働いていることがわかる。また，A－Bリストの記憶がA－Cリストの学習により影響を受ける過程を，A－Bの結びつきがA－Cの学習中に弱まる過程とみなし，条件づけにおける消去（3章を参照）という観点から説明することがある（学習解消〔unlearning〕）。

　どうしても思い出せないことがらでも，ヒントを与えられると，簡単に思い出せることがある。タルヴィングとソトカ (Tulving, E. & Psotka, J., 1971) は被験者に24の単語からなるリストを複数覚えさせ，すべての単語を自由に再生させた。その結果，最初に学習したリストほど再生成績がよく，後で学

習したリストほど再生成績が悪かったが，その後で，単語が属するカテゴリ名を手がかりとして与えたところ，すべてのリストの再生成績が上昇した。

　タルヴィングらの実験は，再生時に思い出せなかった項目が，頭のなかから消失したわけではないことを示している。思い出すときに適切な手がかりがなかったために，記憶したはずの情報を取り出すことができなかったのである。このように，長期記憶からの忘却は，主として貯蔵されている情報を取り出すのに失敗すること（検索の失敗）によって引き起こされる。

❷　意味記憶とエピソード記憶

　長期記憶に保持されている情報はさまざまである。友人の名前や顔，言葉の意味や文法，社会常識，個人的なできごとなど，その人の内的な世界を構築しているあらゆる知識が保持されている。これらの情報は，われわれが思考し，問題を解決する際の材料となる。

　タルヴィングは長期記憶を二つに分類することを提案している。一つは**意味記憶**（semantic memory）と呼ばれ，ものごとの一般的知識や言葉の意味・使い方などの記憶である。もう一つは**エピソード記憶**（episodic memory）と呼ばれ，ある時，ある場所で経験した個人的できごとについての記憶である。脳損傷患者に意味記憶またはエピソード記憶のどちらか一方の障害を強く示す症例が報告されており，意味記憶とエピソード記憶という分類が神経生理学的データからも裏づけられている。

　意味記憶とエピソード記憶の分類にしたがうならば，実験室で行われる記憶研究の多くはエピソード記憶を扱っているといえる。たとえば，単語リストのなかにある「山」という語を思い出せなかったとしても，それは，「山」という言葉の持つ意味を忘れてしまったことを示しているわけではない。リストのなかに「山」という言葉が含まれていたことを思い出せなかったにすぎない。

　意味記憶の研究で重要なテーマの一つは，意味情報がどのように貯蔵されているのかという問題である。代表的な意味記憶モデルにコリンズとキリア

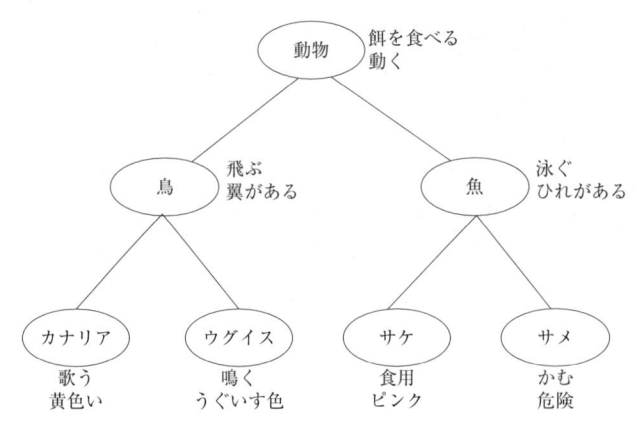

```
          動物 ─ 餌を食べる
         ╱   ╲   動く
        ╱     ╲
       鳥      魚
    飛ぶ      泳ぐ
    翼がある   ひれがある
   ╱  ╲     ╱  ╲
 カナリア ウグイス サケ  サメ
 歌う   鳴く   食用  かむ
 黄色い  うぐいす色 ピンク 危険
```

図2-6 階層的ネットワークモデルの概念図
(Collins & Quillian, 1969より作成)

ン (Collins, A. M. & Quillian, M. R., 1969) の**階層的ネットワークモデル** (hierarchical-network model) がある (図2-6)。階層的ネットワークモデルは，複数の概念が，それら相互の上位・下位関係に応じて階層的に結合していると仮定する。たとえば，カナリアの上位概念として鳥が，鳥の上位概念として動物が，それぞれ結びついている。各概念には特性に関する記述が付与されているが，概念間で共通する特性は上位の概念に付与される。たとえば，「翼がある」という特性はカナリアという概念にも，ウグイスという概念にも共通するので，カナリアとウグイスの上位概念である鳥という概念に付与される。概念が階層的に結びついていることを証明する方法の一つに文の真偽判断がある。たとえば，(A)「カナリアは黄色い」，あるいは，(B)「カナリアは餌を食べる」という文を提示し，それらの文が正しいか誤っているかを判断するまでに要する時間を測定する。(A)の「黄色い」という特性はカナリアに付与された特性であり，(B)の「餌を食べる」という特性は動物に付与された特性である。もし，概念が階層的に結合しているのであれば，「カナリア」からスタートして「黄色い」にたどり着くまでの時間のほうが，「餌を食べる」にたどり着くまでの時間に比べて短くなると予想される。コリンズらの実験結果

は，その予想と一致した。

その後，階層的ネットワークモデルはコリンズとロフタス（Loftus, E. F.）によって活性化拡散モデル（spreading activation model）へと修正された。

例題

1 数字を書いたカード20枚を用意し，ランダムに並べかえてから，数字を順序どおりに記憶しよう。そして，数字を順序どおりに再生し，系列位置効果を検証してみよう。
2 カタカナ2文字からなる無意味綴りのリストを暗記して，一定時間の後に再生する。再生できなかった綴りについて，再認法でテストしたうえで，再生と再認の違いについて考えよう。

引用文献

Barnes, J. M. & Underwood, B. J. 1959 "Fate" of first-list association in transfer theory. *Journal of Experimental Psychology*, **58**, 97-105.

Collins, A. M. & Quillian, M. R. 1969 Retrieval time from semantic memory. *Journal of Verbal Learning and Verbal Behavior*, **8**, 240-247.

Ebbinghaus, H. 1885 *Über das Gedächtnis*. Leipzig : Duncker & Humbolt.

Keppel, G. & Underwood, B. J. 1962 Proactive inhibition in short-term retention of single items. *Journal of Verbal Learning and Verbal Behavior*, **1**, 153-161.

Miller, G. A. 1956 The magical number seven, plus or minus two : Some limits on our capacity for processing information. *Psychological Review*, **63**, 81-97.

Peterson, L. R. & Peterson, M. J. 1959 Short term retention of individual items. *Journal of Experimental Psychology*, **58**, 193-198.

Sperling, G. 1960 The information available in brief visual presentation. *Psychological Monographs*, **74**, 1-29.

Tulving, E. & Psotka, J. 1971 Retroactive inhibition in free-recall : Inaccessibility of information available in the memory store. *Journal of Experimental Psychology*, **87**, 1-8.

参考文献

御領謙・菊地正・江草浩幸 1993 『最新認知心理学への招待—心の働きと

I部　心理学の基礎

　　しくみを探る─』（新心理学ライブラリ7）サイエンス社
　グレッグ, V. H.　高橋雅延・川口敦生・菅眞佐子訳　1988　『ヒューマンメモリ』（Cognitive Science & Information Processing 7）サイエンス社
　クラツキー, R. L.　箱田裕司・中溝幸夫訳　1982　『記憶のしくみ─認知心理学的アプローチ─』I-II（心理学叢書 12-13）サイエンス社
　森敏昭・井上毅・松井孝雄　1995　『グラフィック認知心理学』（Graphic text book）サイエンス社

コラム

アルツハイマー型痴呆症とコリン作動性神経

　痴呆症のなかでも脳血管性痴呆症とアルツハイマー型痴呆症は高齢者に多く発病する。脳血管性痴呆症は脳梗塞や脳出血など，脳血管の障害が原因となって引き起こされる。一方，アルツハイマー型痴呆症については現在のところ原因が明らかにされていない。アルツハイマー型痴呆症の症状の中心は記憶障害で，痴呆の進行にともない人格や意欲，運動などにも障害が現れる。

　ところで，脳は神経細胞のかたまりである。入力された信号が神経細胞から別の神経細胞へと伝わり，情報の処理を行う。信号が神経細胞内を通過するときには電気的な伝達が行われる。しかし，神経細胞と神経細胞とのあいだにはわずかな隙間（これをシナプスという）があり，電気的信号はシナプスを通過することができない。シナプスでは，電気的信号にかわって化学物質が信号の伝達に寄与する。この化学物質のことを神経伝達物質（neurotransmitter）という。神経伝達物質にはいくつもの種類があり，ドパミン，ノルアドレナリン，セロトニン，アセチルコリンなどが代表的である。シナプスでの信号伝達にどの神経伝達物質が使われているかにより，神経細胞を分類できる。たとえば，ドパミンが使われている神経をドパミン作動性神経，アセチルコリンが使われている神経をコリン作動性神経という。

　コリン作動性神経は人やその他の動物の記憶機能と密接にかかわっている。たとえば，コリン作動性神経の伝達を遮断する作用を持つ薬物を人に注射すると，一時的に記憶機能が低下する。また，ネズミを実験対象とし，コリン作動性神経が密集する内側中隔や前脳基底部と呼ばれる脳内部位を人為的に破壊すると，迷路などを用いた記憶課題における成績が低下する。

　アルツハイマー型痴呆症に罹患して亡くなった患者の脳を分析した研究によると，コリン作動性神経の機能の低下が著しいことが判明している。コリン作動性神経の機能が低下するために，アルツハイマー型痴呆症では記憶障害が強く現れる可能性がある。そこで，コリン作動性神経の機能を薬物で改善することで痴呆症状が軽くなるとする仮説が立てられ，現在，コリン作動性神経の機能を促進する薬物が抗痴呆薬の候補として期待されている。

3章

学　　習

　学習というと学校や学習塾で勉強しているところを想像する人が多いかもしれない。しかし，心理学における学習とは，もっと広い内容を含んでいる。朝起きてから寝るまでのあいだ，われわれはさまざまな行動をする。それらの日常行動の大部分は，経験の積み重ねを通して，適応的な様式へと変化していく。経験の繰り返しの結果，行動が変化していくことを，心理学では学習と呼んでいるのである。

　ここでは基本的な学習の原理を理解するために，条件づけ（conditioning）と呼ばれる手続きを用いた研究を中心に紹介しよう。

1節　古典的条件づけ

　食べ物が口のなかに入ると，口のなかに唾液が分泌されてくる。これは，われわれが生まれながらに身につけている反応であり，反射の一つである。日本人でも，アメリカ人でも同じである。ところで，われわれは梅干しを見ただけで口のなかに唾液があふれてくるという経験を持つ。同じことが，梅干しを食べた経験のないアメリカ人にも起こるのだろうか。

　梅干しを見ただけで唾液を分泌するという現象には，**古典的条件づけ**（classical conditioning）と呼ばれる学習がかかわっている。

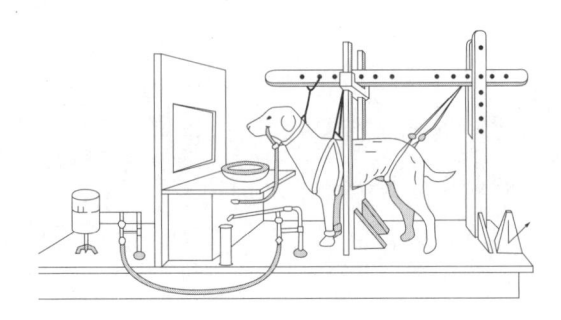

図3-1 パブロフによる古典的条件づけの実験
(Yerkes & Morgulis, 1909)

1 パブロフの研究

　古典的条件づけを最初に報告したのは，ロシアの生理学者パブロフ (Pavlov, I. P.) である。彼はイヌを使って消化腺の研究をしていた。彼が古典的条件づけの研究に取り組んだきっかけの一つは，イヌが飼育係の足音を聞いただけで唾液を流すという現象に気づいたことにある。イヌが飼育係の足音を聞いただけで唾液を流すという現象と，日本人が梅干しを見ただけで唾液を分泌するという現象とは，口のなかに食べ物が入っていないにもかかわらず唾液を分泌するという点で，よく似ている。
　パブロフはイヌを被験体として次のような手続きで実験を行っている（図3-1）。分泌された唾液の量を測定できるように，あらかじめ唾液腺を頬外部に開口する手術を施しておく。そして，メトロノームの音を30秒ほど鳴らしてから，少量の餌を与える。この手続きを1日に数回ないし10回ほど繰り返す。ときおりメトロノームの音だけを鳴らし，餌を与えない試行を行ったところ，はじめのうちは，メトロノームの音だけでは唾液を分泌しなかったが，繰り返しの回数が増加するにしたがって，メトロノームの音だけで唾液を分泌するようになった。
　そもそもメトロノームの音は唾液の分泌とは関係のない刺激（中性刺激）である。一方，餌は口のなかに入れられると，無条件で唾液分泌を引き起こす刺激であり，このような刺激を**無条件刺激**（unconditioned stimulus）という。

無条件刺激によって誘発される反応（パブロフの実験では唾液分泌）を**無条件反応**（unconditioned response）という。パブロフの実験では，中性刺激であるメトロノームの音と，無条件刺激である餌とが対にして提示された。このような手続きのことを**強化**（reinforcement）という。強化を繰り返した結果，メトロノームの音が唾液分泌を引き起こすようになったが，このときの唾液分泌は学習によって身についた反応なので，無条件反応としての唾液分泌とは区別して，**条件反応**（conditioned response）という。条件反応を引き起こすようになった刺激（パブロフの実験ではメトロノームの音）を**条件刺激**（conditioned stimulus）という。

梅干しを見ただけで唾液を分泌するのは，梅干しを食べるという経験の結果，唾液分泌とは無関係であった梅干しの"外観"が条件刺激となり，条件反応である唾液分泌を引き起こしているのである。

2 恐怖の条件づけ

唾液分泌反応のほかに，自律神経系によって支配されている多くの不随意反応が古典的条件づけと関係がある。情緒も古典的条件づけを通して学習されることがある。

ワトソンとレイナ（Watson, J. B. & Rayner, R., 1920）は生後11カ月の男の子を実験の対象とし，恐怖と古典的条件づけとの関係を調べた。突然，大きな音を聞かされたり，身体の支えをはずされると，人間は驚いて，心拍数が増加したり，呼吸が乱れたり，小さな子どもであれば泣き出すことがある。これらはわれわれが生得的に身につけている恐怖を示す反応である。ワトソンは，大きな金属音を無条件刺激とし，男の子にとって恐怖とは無関係であった白ネズミを条件刺激として，両者を繰り返し対提示した。その結果男の子は，実験前には恐怖反応を示すことのなかった白ネズミに対して，恐怖反応を示すようになった。条件づけの結果，白ネズミに対して示すようになった恐怖反応は条件反応であり，学習された恐怖といえる。

❸ 消　　去

　恐怖の条件づけで紹介したワトソンとレイナの実験について，白ネズミに対する恐怖を学習した男の子がその後どうなったのかを心配する人もいるだろう。男の子の白ネズミに対する恐怖心は解消したのだろうか。

　古典的条件づけの手続きによって形成された条件反応は，条件刺激だけを繰り返し提示し，無条件刺激を与えなければ，徐々に弱められて，ついには反応が起こらなくなる。これを**消去**（extinction）という。ワトソンらの実験では，条件刺激である白ネズミを繰り返し男の子に見せることで，白ネズミに対する恐怖反応は消去する。しかし，実際に消去試行が行われたという記述は，ワトソンらの論文中には見あたらない。

　消去により条件反応が出現しなくなった後で，一定時間が経過してから再び条件刺激を提示すると，消去されたはずの条件反応が出現することがある。これを**自発的回復**（spontaneous recovery）という。自発的回復は，消去が，学習された反応を完全に消し去る過程ではなく，学習された反応の出現を制止するという新たな学習であることを示す根拠の一つとなっている。

❹ 般化と分化条件づけ

　条件刺激と類似した刺激に対して，条件反応と同じような反応が生じることがある。たとえば，ワトソンとレイナが行った恐怖の条件づけで，白ネズミに恐怖反応を示すようになった男の子は，白ウサギ，綿，サンタクロースのお面にも恐怖反応を示した。

　パブロフの研究所で研究を行っていたアンレップ（Anrep, G. V., 1920）は，637.5 Hzの純音を条件刺激とし，ビスケット粉末の提示を無条件刺激として，イヌの唾液分泌反応を条件づけた。条件づけが完成し，637.5 Hzの音の提示で唾液分泌を示すようになったイヌに，1062.5 Hzの音を提示したところ，条件反応と同程度の唾液分泌が観察されている。条件刺激と類似した刺激に対して条件反応と同様の反応を示すようになることを**般化**（generalization）という。

アンレップは，さらに，**分化条件づけ**（differential conditioning）の手続きで実験を行った。すなわち，637.5 Hz の音には無条件刺激を対提示し，1062.5 Hz の音には無条件刺激を対提示しなかった。その結果，イヌは637.5 Hz の音には唾液を分泌するが，1062.5 Hz の音には唾液を分泌しないようになった。

5 二次条件づけ

条件づけが形成された後，条件刺激を無条件刺激のように用いて，あらたな条件づけを行うことができる。たとえば，パブロフは，メトロノームの音を条件刺激とした唾液分泌反応をイヌに条件づけした後で，黒い四角形とメトロノームの音とを対提示し（**二次強化**〔secondary reinforcement〕），それを反復した。その結果，イヌは黒い四角形だけを提示した場合でも，唾液分泌反応を示すようになった。このような条件づけのことを**二次条件づけ**（secondary conditioning）という。原理的には三次，四次の条件づけが可能であると考えられるが，高次になるほど条件づけが困難となり，また，ときどき無条件刺激を用いた一次の条件づけ試行を行わないと高次の条件反応は弱まってしまう。

6 条件刺激と無条件刺激の時間関係

条件刺激と無条件刺激とをどのような時間関係で提示すると学習が効率的に進むのだろうか。

条件刺激と無条件刺激を同時に提示し，同時に終了させる手続きのことを**同時条件づけ**（spontaneous conditioning）という。実際には，条件刺激の提示を無条件刺激の提示より 5 秒以内の時間で先行させた場合にも同時条件づけという。条件刺激が無条件刺激よりも 0.5 秒先行する場合が，最も条件づけが形成されやすい。

条件刺激が無条件刺激よりも 5 秒から数分間先行し，無条件刺激が提示されているあいだ，条件刺激を提示する手続きを**延滞条件づけ**（delayed conditioning) という。条件刺激の提示を終了してから無条件刺激を提示する手続きを痕跡条件づけ (trace conditioning) という。無条件刺激を先行させ，無条件刺激の提示終了後に条件刺激を提示する手続きを逆行条件づけ (backward conditioning) という。

2節　オペラント条件づけ

これまで見てきたように，古典的条件づけは，特定の刺激によって誘発される反応が，それまでその反応とは無関係であった刺激によっても引き起こされるようになる過程にかかわる学習である。したがって，古典的条件づけを通して学習される反応は不随意的な反応である。

しかし，日常生活におけるわれわれの行動を考えてみると，不随意的な反応ばかりで成り立っているわけではない。むしろ，自発的な反応のほうが主流である。次に紹介する**オペラント条件づけ** (operant conditioning) とは，人や動物の自発反応の学習にかかわっている。

1　ソーンダイクの研究

箱に閉じ込められたネコが，自ら扉のかけ金をはずし，箱から脱出する。ソーンダイク (Thorndike, E. L., 1898) は問題箱 (problem box, 図3-2) と呼ばれる装置を用いて，ネコのそのような自発的行動の学習過程を研究した。

問題箱の外に餌を置き，お腹を空かせたネコを問題箱のなかに入れる。ネコははじめのうち板をひっかいたり，板の隙間から前脚を出したりと，さまざまな反応を自発するが，そのうち偶然にペダルを踏む。ペダルを踏むと扉のかけ金がはずれて扉が開くしくみになっており，ネコは脱出に成功する。そして餌を食べたネコを再び問題箱に入れる。これを繰り返していくうちに，問題箱に入れられたネコは真っ先にペダルを踏むようになり，脱出するまでに要する時間が短くなる (図3-3)。

ソーンダイクは，動物に満足を与えた反応は繰り返されやすくなると説明

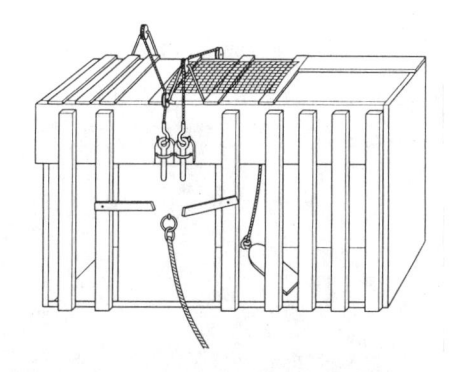

図3-2 ソーンダイクの問題箱（Thorndike, 1911）

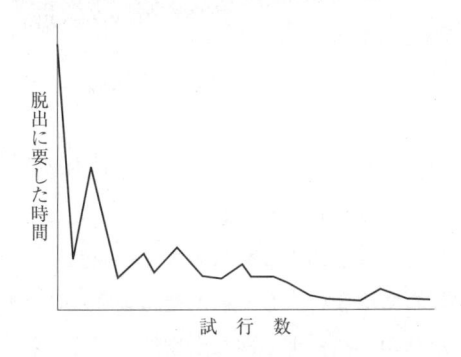

図3-3 ネコが問題箱からの脱出に要した時間の変化

し，そのような学習の原理を**効果の法則**（law of effect）と呼んだ。ペダルを踏む反応はネコを問題箱から解放し，摂食を可能にするという意味で，ネコに満足を与える反応であったと考えられる。

2 オペラント条件づけの原理

動物の自発反応の研究は，その後，**スキナー**（Skinner, B. F., 1938）によってオペラント条件づけとして体系化された。

スキナーはスキナー箱（Skinner box，図3-4）と呼ばれる装置を考案した。

I部　心理学の基礎

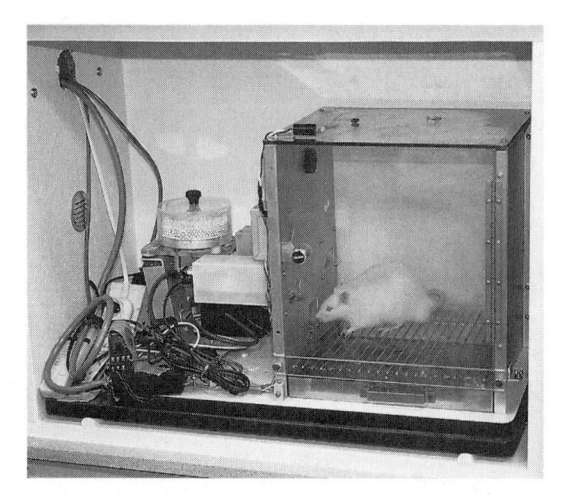

図3-4　スキナー箱（撮影：波多野純氏）

ネズミ用のスキナー箱にはレバーがついていて，これを押し下げるとスキナー箱内の餌皿に餌粒が転がり落ちてくるしくみになっている。空腹なネズミをスキナー箱に入れると，はじめのうちはネズミが偶然にレバーを押すことはあるが，それほど頻繁ではない。しかし，そのようなことが繰り返されるうちに，単位時間あたりのレバー押し回数が増加してくる。

問題箱に閉じ込められたネコが脱出することを学習したり，ネズミがレバーを押すことを学習するという過程を，オペラント条件づけではどのように説明するのだろうか。

ある自発反応（たとえば，レバー押し反応）に対してある刺激事象（たとえば，餌）を随伴させる操作を繰り返すと，その自発反応の出現頻度が増加したり，自発反応の強度が増す。このような操作を**強化**（reinforcement）という。空腹な動物には餌が，のどが渇いた状態にある動物には水が，自発反応を増加させることに有効だが，このような刺激を**報酬**（reward）または**正の強化刺激**（positive reinforcer）といい，報酬を用いた強化のことを**正の強化**（positive reinforcement）という。ネコの問題箱からの脱出やネズミのレバー押しの学

習は，正の強化の事例である。

電気ショックのような苦痛刺激のことを嫌悪刺激（aversive stimulus）または負の強化刺激（negative reinforcer）という。ある自発反応が出現したら嫌悪刺激を取り除くという操作により，自発反応の出現頻度は増加する。このような強化のことを**負の強化**（negative reinforcement）という。負の強化と同様に，嫌悪刺激を用いる手続きに罰（punishment）がある。罰事態では自発反応に嫌悪刺激を随伴させる。その結果，自発反応の出現頻度は減少する。

条件づけられた反応が出現したにもかかわらず強化をしないでいると，条件づけられた反応が弱まり，ついには消失する。これを**消去**（extinction）という。また，いったん反応が消去しても，一定時間が経過した後で再び条件づけられた反応が現れる場合がある。これを**自発的回復**（spontaneous recovery）という。

3 反応形成

オペラント条件づけの原理にしたがいネズミにレバー押しを学習させるには，まず，ネズミが偶然にレバーを押すのを待たなければならない。しかし，もし，なかなかレバーを押さないネズミがいたとしたら，どのようにレバー押しを学習させたらよいのだろうか。また，サーカスで見るライオンやゾウの曲芸のように，複雑な行動を学習させるには，どうしたらよいのだろうか。

効率的に学習を進めたり，動物に複雑な行動を学習させるには，**反応形成**（shaping）を行うとよい。たとえば，反応形成の一技法である漸次接近法（successive approximation method）を用いて，ネズミにレバー押しを学習させるには，次のような手順をとる。まず，レバーのとりつけてある壁に近づくことをネズミに学習させる。それにはレバーのとりつけてある壁にネズミが近づいたときに餌を与え，その操作を繰り返す。次の段階では，レバーに近づくことを学習させ，さらに，レバーに触れること，レバーを押すことを，順次，学習させていく。このように，最初は自発しやすい行動を強化の対象とし，徐々に強化の対象を限定していき，目標とする行動に近づけていくの

である。

4　部分強化と強化スケジュール

　反応が出現するたびに強化することを**連続強化**（continuous reinforcement）という。実験場面では連続強化が比較的容易であるが，日常場面で連続強化することは不可能に近い。たとえば，教師が生徒のあいさつ行動を賞賛によって強化する場合，朝から晩まで教師が生徒につきそうことはできない。現実には出現した反応の一部を強化することになる。そのような強化を**部分強化**（partial reinforcement）という。

　部分強化における強化の配分プログラムを**強化スケジュール**（schedule of reinforcement）といい，四つの基本的な型がある。

　固定間隔（fixed interval：FI）強化スケジュールでは，ある反応が強化されてから一定時間経過後の最初の反応を強化する。変動間隔（variable interval：VI）強化スケジュールでは，FIと同様に時間間隔を基準にしているが，試行ごとの時間間隔にばらつきがある。たとえば，VI3とは，ある反応が強化されてから平均3分後の最初の反応が強化される。

　固定比率（fixed ratio：FR）強化スケジュールでは一定反応数ごとに強化する。変動比率（variable ratio：VR）強化スケジュールでは，FRと同様に反応回数を基準としているが，試行ごとに要求する反応回数にばらつきがある。

　部分強化により条件づけられた反応は連続強化により条件づけられた反応に比べて消去しにくい。このような現象を部分強化効果（partial reinforcement effect）という。パチンコや競馬などのギャンブルでは，"ときどき勝つ"ことが部分強化に相当し，なかなかやめられなくなる。

5　弁別と般化

　青信号であれば道路を横断し，赤信号であれば停止する。これはわれわれが小さい頃に学習した道路を横断する場合の行動である。信号の色に応じて反応することが強化されている。このときの信号のように，その場面でどの

ような行動をすればどのような結果が生じるのかを知らせる手がかりとなる刺激を**弁別刺激**（discriminative stimulus）という。

あらかじめスキナー箱でのレバー押しを学習しているネズミに，次のような条件で訓練を行う。スキナー箱に100ワットの電球をとりつけて，電球が点灯しているときにレバーを押せば餌が与えられるが，消灯しているときにレバーを押しても餌は与えられない。このとき，100ワット電球の点灯・消灯が弁別刺激となっている。はじめのうち，ネズミは電球の点灯・消灯に関係なくレバーを押すが，訓練を進めるうちに，電球が点灯している場合にのみレバー押し反応を示すようになる。このように，動物が二つ以上の刺激を区別して反応することを課す学習を**弁別学習**（discriminative learning）という。

100ワット電球の点灯・消灯を弁別するようになったネズミは，50ワット電球を点灯した条件ではレバー押し反応を示すだろうか。100ワット電球から50ワット電球に切り替えた最初の試行では，おそらくネズミはレバーを押すだろう。弁別刺激（この場合は100ワット電球の点灯）と類似の刺激（この場合は50ワット電球の点灯）に対して条件づけられた反応と同様の反応が観察される現象を**般化**（generalization）という。

6　二次強化

食べ物，飲み物，嫌悪刺激などは人や動物がそれらをはじめて与えられたときから強化刺激として機能する刺激であり，**一次強化子**（primary reinforcer）という。しかし，日常生活における行動すべてが一次強化子と直接に結びついているわけではない。何らかの経験を通して強化力を獲得した刺激がわれわれの行動に影響を及ぼすことがある。そのような刺激を**二次強化子**（secondary reinforcer）または**条件性強化子**（conditioned reinforcer）という。

ウォルフ（Wolfe, J. B., 1936）はチンパンジーを被験体として二次強化の実験を試みた。まず，一次強化子としてレーズンを使い，ポーカーチップを自動販売機に入れる行動を形成した。次に，ポーカーチップを二次強化子として，別の装置のハンドルを引く行動を形成した。その結果，チンパンジーは，ま

ずハンドル引き行動でポーカーチップを手に入れ、手に入れたポーカーチップを自動販売機に入れてレーズンを獲得するようになった。

ウォルフの実験に見るように、人や動物の行動を複数の反応の連鎖としてとらえることができ、それぞれの反応が二次、あるいはそれ以上の高次の強化子によって条件づけられていると考えることができる。

例題

1 日常生活のなかで習慣化している自発的な行動をあげ、それらの行動がどのような強化刺激によって支えられているのかを考えてみよう。
2 与えられた刺激に慣れていく過程を馴化といい、単純な学習の一つである。カタツムリの触角を指先でさわり、引っ込んだ触角が回復するのに要する時間を繰り返し測定し、その変化を通して馴化について考えよう。

引用文献

Anrep, G. V. 1920 Pitch discrimination in the dog. *Journal of Physiology*, 53, 367–385.

Skinner, B. F. 1938 *The behavior of organisms : An experimental analysis.* New York : Appleton–Century–Crofts.

Thorndike, E. L. 1898 Animal intelligence : An experimental study of the associative processes in animals. *Psychological Monographs*, 2 (Whole No. 8).

Thorndike, E. L. 1911 *Animal intelligence.* New York : Macmillan.

Watson, J. B. & Rayner, R. 1920 Conditioned emotional reactions. *Journal of Experimental Psychology*, 3, 1–14.

Wolfe, J. B. 1936 Effectiveness of token–rewards for chimpanzees. *Comparative Psychological Monographs*, 12 (Whole No. 60).

Yerkes, R. M. & Morgulis, S. 1909 The method of Pavlov in animal psychology. *Psychological Bulletin*, 6, 257–273.

参考文献

今田寛 1996 『学習の心理学』(現代心理学シリーズ 3) 培風館
岩本隆茂・高橋憲男 1983 『現代学習心理学—その基礎過程と研究の展開—』川島書店

相良守次編　東洋・大山正著　1969　『学習と思考』（新版心理学入門講座3）大日本図書

ピアース, J. M.　石田雅人・石井澄・平岡恭一・長谷川芳典・中谷隆・矢澤久史訳　1990　『動物の認知学習心理学』北大路書房

レイノルズ, G. S.　浅野俊夫訳　1978　『オペラント心理学入門—行動分析への道—』（サイエンスライブラリ心理学 9）サイエンス社

コラム

行 動 療 法

　日常生活における問題行動や不適応行動などを除去するため，学習心理学の原理にしたがった手法によりそれらの行動の修正を行う心理療法のことを行動療法という。行動療法には古典的条件づけの原理を用いるタイプとオペラント条件づけの原理を用いるタイプとがある。

　マウラー（Mowrer, O. H.）は古典的条件づけの原理を夜尿症の治療に応用している。尿を関知するとブザーが鳴るしくみを持つ夜尿マットの上に患者を就寝させる。就寝中に排尿すると，ブザーが鳴り，患者は目覚めることになる。このとき，ブザー音は患者を覚醒させる無条件刺激であり，無条件刺激によって引き起こされる目覚めは無条件反応である。ところで，われわれは膀胱が充満している内部感覚に基づいて排尿行動をするが，夜尿の場合にもその直前には膀胱の充満感があると考えられる。患者にとって膀胱の充満感は覚醒とは無関係だが，夜尿マット上で就寝すると，膀胱の充満感と排尿後のブザー音とが時間的に接近して提示され，関係づけられる。膀胱の充満感が条件刺激となり，覚醒という条件反応が引き起こされるようになる。

　古典的条件づけにおける消去手続きを応用した技法が，ウォルピ（Wolpe, J.）による系統的脱感作（systematic desensitization）である。系統的脱感作は不安神経症や恐怖症のように，不安との関係が強い症状の治療に使われた。まず，不安や恐怖を引き起こす刺激場面を，不安や恐怖の強度にしたがって階層化する。そして，階層化された刺激のなかで，不安や恐怖を引き起こす弱い刺激を想像させ，ジェイコブソン（Jacobson, E.）の漸進的弛緩法により筋肉の弛緩を行う。弱い刺激の想像で不安や恐怖が起こらなければ，順次，刺激を強くしていき，それまで不安や恐怖の対象であった刺激が提示されても不安や恐怖が生じないように訓練する。

　オペラント条件づけの原理を取り入れた例として，正の強化を用いた拒食症の治療を紹介する。拒食症が著しい体重減少と栄養不良を引き起こした場合，患者に早急に摂食行動を形成する必要がある。会話が好きな患者であれば，ふだんは個室で生活させ，会話を制限する。食事の時間には治療者が患者のそばにすわる。そして，はじめのうちは，患者が箸やフォークを手にしたときに治療者が会話を開始する。箸やフォークを手にする頻度が増加したら，今度は，箸やフォークで食べ物を口に近づけるまで会話を開始しない。このような方法は漸次接近法の応用である。

4章

思考と言語

　人間以外の動物が考えることがないとは断言できないが，「人間は考える葦である」というパスカルの言葉のとおり，思考は最も人間らしい心的活動の一つであろう。通常，「考える」という言葉はさまざまな意味に用いられている。白昼夢のようにとりとめのない考えもあれば，数学の証明問題を解いているときのようにきわめて明確な目標を持った思考もある。この章で扱うのは，必ずしも十分に明確であるとは限らないが，何らかの目標を持った方向づけられた思考である。

　言語もまた最も人間らしい能力の一つである。言語は他者とのコミュニケーションに用いられるばかりでなく，思考の道具としても用いられている。実際，多くの場合われわれが何かを考えているとき，心のなかで自分自身に向かって話しかけていることに気づくであろう。

1節　概　　念

　「今日は雨が降るだろうか」と考えるとき，この単純な考えのなかにも「今日」「雨」「降る」などの**概念**（concept）が含まれている。このように概念は思考を構成する基本的な要素である。

　われわれが感覚的に区別できる色は約700万色といわれるが，それらのすべての色に異なる名前をつけるとすれば，語彙は膨大となり，コミュニケー

表4-1　典型性の評定値（Rosch, 1975より抜粋）

家具			果物		
成員	順位	評定値	成員	順位	評定値
椅子	1.5	1.04	オレンジ	1	1.07
テーブル	3.5	1.10	リンゴ	2	1.08
机	12	1.54	イチゴ	11	1.61
ベッド	13	1.58	サクランボ	14	1.86
書棚	22	2.15	レモン	20	2.16
電気スタンド	31	2.94	イチジク	29	2.86
ピアノ	35	3.64	カキ	41	3.63
テレビ	42	4.41	ココナッツ	43	4.50
くずかご	47	5.34	カボチャ	45	5.39
花瓶	57	6.23	オリーブ	49	6.21

ションも不可能になるだろう。われわれは，明るい赤，暗い赤，鮮やかな赤，淡い赤，黄色味を帯びた赤，紫がかった赤などを，すべて「赤」とひとまとめにして呼んでいる。すなわち，これらのさまざまな色を「赤」という概念の事例とみなしていることになる。このように多くの事物・事象の差異を認めながらも，同じ概念のメンバーとして扱うことによって，われわれをとりまく世界の複雑さを，扱いやすいレベルにまで減少させているのである。また，木になっている丸くて赤いものを見たときに，それを「リンゴ」としてカテゴリー化するならば，こうした外見からはわからない「食べられる」というような特性を推論することもできる。つまり，概念は直接与えられた以上の情報を得ることを可能にする。

「奇数」や「三角形」のような数学的な概念は厳密に定義されており，その概念の実例か否かの判断基準は明らかである。一方，「果物」や「家具」などの日常的な概念の場合，こうした厳密な定義を与えることは困難である。しかも，ある対象がある概念に属しているかどうかは，ときにはかなりあいまいでさえある。たとえば，「リンゴ」が「果物」であることには誰も異論をさしはさまないであろうが，「オリーブ」は人によって「果物」であったりなかったりするし，同じ人でも時間がたてば意見が変化することも多い (McCloskey & Glucksberg, 1978)。しかし，このような日常的な概念もその事例

の典型性を評価することはできる。ロッシュ（Rosch, E., 1975）は，被験者に「家具」や「果物」などのカテゴリーについて，「椅子」や「リンゴ」などの対象がどれほどカテゴリーのよい実例であるかを7段階で評定させた。1が最もよい実例であり，7が最もよくない実例である。その結果（表4-1），人々が「リンゴ」はいかにも果物らしい典型的な「果物」の一つであるが，「イチジク」はあまり典型的ではなく，「オリーブ」は非典型的であると考えていることが示された。

2節　問題解決

　問題を解決することは，思考の代表的な活動であろう。われわれは，学校の試験問題，友人との人間関係の問題，クロスワードパズルなど，日常的にさまざまな問題に出会っている。現在の状態と望ましい状態のあいだにギャップがあるとき，そのギャップが**問題**（problem）であり，何らかの手段によってそのギャップを埋めて目標を達成することが**問題解決**（problem solving）である。

1　問題解決の方法

　ある事務所に押し入った泥棒が金庫を開けようとしているとしよう。金庫は四つの数字の組み合わせで開けることのできるダイヤル錠がついている。泥棒はどのようにして金庫を開けるだろうか。でたらめに錠を回してみるだろうか。おそらくはもっと組織的な方法を使うに違いない。たとえば，0000，0001，0002……のように四つの数字の組み合わせをすべて試してみる。もし，一つももらさず試すことができれば，必ず錠を開けることができるだろう。このように正しく適用すれば解決が保証されている方法を**アルゴリズム**（algorithm）という。かけ算やわり算などの計算法はアルゴリズムの一種である。しかし，この方法では，運がよければ1回で開けられるかもしれないが，運が悪ければ1万回，平均して約5000回試してみる必要がある。このよう

なことをしていては，人に見つかってしまうに違いない。

この泥棒が，この種の金庫の錠は正しい数字にあたるとカチッという音がすることを知っていたならば，ダイヤルを一つずつゆっくりと音がするまで回し，四つの数字を順に見つけていくだろう。このような問題の解決に役立つかもしれない何らかの経験や知識を利用する方法を**ヒューリスティック**（heuristic）といい，成功は保証されないが，使用が容易でしばしば解決が速い実際的な方法である。アルゴリズムには時間や労力の点で実際的でないものも多く，また多くの問題では有効なアルゴリズムが知られていないため，ヒューリスティックが広く用いられている。

この金庫破りが用いたヒューリスティックのように，全体的な目標をいくつかの下位目標に分解し，それぞれの下位目標を順に達成しながら全体の目標を達成することは，問題解決においてはしばしば行われていることである。この際に用いられる方略は，手段－目的分析（means–ends analysis）と呼ばれている。この方略は，現状と望ましい状態を比較し，そのあいだに見出された差異を縮小するような操作を選択・適用する方法である。もし選択された操作をすぐには適用することができなければ，障害を取り除くことが新しい下位目標となる。手段－目的分析の考えは，人間の問題解決行動をシミュレートするために，ニューウェル（Newell, A.）と共同研究者たちによって開発された**一般問題解決プログラム**（general problem solver : GPS）と呼ばれるコンピュータ・プログラムに組み込まれている（たとえば，Newell & Simon, 1972）。GPSは，ハノイの塔（例題1参照）のようなパズルや，チェス，数学の問題など，さまざまな問題に適用され，人間の問題解決行動と比較された。その結果，論理学の定理証明問題では，GPSの出力は人間の行動とかなりよく一致した。

ほかに，重要なヒューリスティックとしては**類推**（analogy）がある。ジェントナーら（Gentner, D. & Gentner, D. R., 1983）は，電気の知識をほとんど持たない大学生に，2通りのモデルを用いて電気について説明した。一方は，電流はパイプを流れる水のようなものであり，抵抗はパイプのくびれに対応す

るという水流モデルであり，他方は，電流は通路を追い立てられて走るネズミの群れ，抵抗は狭いゲートに対応するという群移動モデルである。その後，被験者は回路中の抵抗が一つから二つになったときの電流の変化について質問をされた。抵抗が直列の場合は電流は小さくなるが，並列にした場合は大きくなるというのが正解だが，電流を水の流れとの類推で考えるならば，パイプの2カ所のくびれが直列でも並列でも水の流れが遅くなるように，電流は小さくなると考えるだろう。一方，電流をネズミの群れと考えれば，直列のゲートでは流れが遅くなるが，並列のゲートならばむしろ速くなると考えるだろう。実際，並列抵抗と単一抵抗とを比較して，並列のほうが電流が同じかより多く流れるとした被験者は水流モデルを教えられた群では63％であったのに対して，群移動モデルでは93％であった。このことは，電流の問題の解決において，被験者が教えられた類推モデルを使用していたことを示している。しかし，問題によっては，ヒントがなければ自発的な類推は困難なこともある（たとえば，Gick & Holyoak, 1980）。

2 専門家と初心者

　将棋の初心者がプロの棋士に勝つことはまずないだろうが，この実力の差は何によるのであろうか。当然のことながら，それは第1に経験の差であろう。それでは，経験はいったい何をもたらすのだろうか。
　チェイスとサイモン（Chase, W. G. & Simon, H. A., 1973）は，チェスの名人と初心者にチェス盤上の駒の配置を5秒間見せた後，その配置を別の盤上に再生させた。24～26個の駒からなる実際のゲームの中盤に現れる局面について，名人は平均16個を正しく再生できたのに対し，初心者は4個しか再生できなかった。ところが，同数の駒からなるランダムな配置については，名人も初心者もわずか2，3個の駒しか再生できなかった。名人は長年の経験によって，実際のチェスの局面に現れる多くの駒のパターンを記憶しており，複雑な配置もそれらのパターンを単位として符号化していると考えられる。おそらく，名人はそのような駒のパターンが現れたときにとるべき最良の手

も同時に記憶しており，チェスのゲームにおいては，初心者のようにいちいちの局面で考える必要がないのである。

3節　推　理

既知の情報である前提から，新しい情報（結論）を導き出そうとする思考の働きを**推理**（reasoning）という。

1　演繹的推理

いくつかの前提から，論理の規則にしたがって必然的な結論を導き出すことを**演繹的推理**（deductive reasoning）という。前提が真であれば，結論が偽ということはありえない。次のような二つの前提から結論を導く**三段論法**（syllogism）は演繹的推理の代表である。

　　前提1　すべての人間は死ぬ。
　　前提2　ソクラテスは人間である。
　　結　論　したがって，ソクラテスは死ぬ。

単純な問題であれば，われわれは正しい判断をすることができるが，否定的な情報を利用しなければならないような問題では，しばしば不合理な推理を行う。たとえば，片面にアルファベット，反対側には数字が書かれた4枚のカードが次のように置かれていたとする。

E　K　4　7

「もしカードの片面が母音ならば，その裏側は偶数である」という規則が正しいかどうか確認するためには，どのカードを裏返せばよいだろうか。ウェイソンとジョンソン-レアード（Wason, P. C. & Johnson-Laird, P. N., 1972）によれば，多くの被験者は"E"のカードを選んだ。たしかに，裏面に偶数が書いてあれば規則が正しいと確認できるし，奇数が書かれていれば規則が間違っていることがわかる。かなりの被験者が，さらに"4"のカードを選ん

だ。しかし，このカードを裏返す必要はない。裏面に子音が書いてあったとしても規則の反証にはならないのである。必要なのは，"7"のカードを裏返すことである。もし奇数のカードの裏側に母音が書かれていたら，この規則は間違っていることになる。正しく"E"と"7"のカードを選択した被験者は4％にすぎなかった。

ところが，問題の題材をより現実的なものにすることによって，成績が大きく向上することがある。たとえば，片面に飲物，反対側には年齢が書かれたカードが4枚あって，「もしビールを飲んでいるならば，19歳以上でなければならない」という規則が守られているかを確認する問題の場合，73％の被験者が正しい選択をしたのである（Griggs & Cox, 1982）。論理学では，規則にしたがって形式的に推理が行われるはずだが，実際はこのように問題の内容が推理に影響を及ぼすのである。

2 帰納的推理

個々の具体的事実から一般的な規則を導き出すことを**帰納的推理**（inductive reasoning）という。たとえば，人間の歴史を振り返ってこれまですべての人間が死んでいるという事実から，「人間はすべて死ぬ」という結論が導かれる。演繹的推理には例外は存在しないが，帰納的推理における結論は単にもっともらしいだけであり，絶対に確実ということはありえない。不死の人間の存在はきわめてありそうにないことではあるが，決してないとは断言できない。したがって，帰納的推理の妥当性は確率の問題ということができる。

われわれは，結論の確実性を判断をするときに，確率理論に基づいて判断しているだろうか。**カーネマン**と**トヴァスキー**（Kahneman, D. & Tversky, A., 1973）は，70人の技術者と30人の弁護士（または70人の弁護士と30人の技術者）に対するインタビューの結果からランダムに選んだものとして，次のような短い人物描写を被験者に提示した。

　　ジャックは45歳の男性である。彼は結婚していて，4人の子どもがいる。

彼は概して保守的で，用心深く，野心的である。彼は政治や社会の問題には関心がなく，余暇の大部分は，日曜大工，ヨット，数学パズルなど多くの趣味に費やしている。

　この人物が技術者である確率を推定させたところ，技術者の割合が大きい場合も小さい場合も，被験者が推定した確率は90％以上であった。規範的な規則にしたがうならば，ジャックが技術者である事前確率を考慮して，技術者が少ない場合のほうが確率の推定値は低くなるはずである。たしかに，ジャックの趣味や関心は，弁護士よりは技術者のステレオタイプに近いかもしれない。被験者は，事前確率をほとんど無視して，カテゴリーの代表的な事例との類似度に基づいて判断したようである。このような判断の仕方は**代表性ヒューリスティック**（representativeness heuristic）と呼ばれる。

4節　言　　語

❶　言語の獲得

　世界にはさまざまな言語があるが，どの言語であれ，子どもたちはそれぞれの言語環境にあって生後4, 5年のあいだに，ほぼ同じ段階を経て母語を理解し話すことができるようになる。そこで，言語学者の**チョムスキー**（Chomsky, N., 1965）は，人間には言語習得のための**言語獲得装置**（language acquisition device：LAD）が生得的に組み込まれているという仮説を提出した。

　巣に戻ったミツバチが蜜のありかをほかのミツバチに教えるためにダンスをすることはよく知られているが（Frisch, 1971），このように人間以外の動物もさまざまなコミュニケーションの手段を持っている。しかし，動物のコミュニケーション・システムは**生産性**（productivity，有限個の音声や語彙を組み合わせて無限に異なる文や発話をつくりだすことができ，またそれを理解できる能力）などの点において大いに異なっている。それでは，そもそも他の動物には，チンパンジーのような知能が高いとされる動物であっても，人間の言語を習得する能力はないのであろうか。

1960年代までに，チンパンジーに音声言語を教える試みがいくつかなされているが，いずれも失敗に終わった。たとえば，ヘイズ夫妻（Hayes, K. J. & Hayes, C.）が育てたメスのチンパンジーのヴィキは，6歳までにやっと"mama"や"cup"などの簡単な言葉を4語発音できるようになっただけであった（Hayes, 1951）。これらの試みの失敗は，チンパンジーの言語能力そのものというより，発声能力の限界のためであると考えられ，その後はさまざまな視覚言語を教えようとする試みがされた。**ガードナー夫妻**（Gardner, R. A. & Gardner, B. T., 1969）は，ワシューという名のチンパンジーにアメリカ手話言語（American sign language：ASL）を教えた。1歳からはじめて5歳のときには，130あまりの語彙を持ち，いくつかの単語を組み合わせた"文"をつくれるようになった。また，**プリマック夫妻**（Premack, A. J. & Premack, D., 1972）は，サラという名のチンパンジーに，色やかたちの異なるプラスチック片を単語として用いて"文"をつくる訓練を行い，ランボーら（Rumbaugh, D. M. et al., 1973）は，コンピュータのキーボードに図形シンボル（レキシグラム〔lexigram〕）をつけ，キーを押してコミュニケートすることを訓練した。このように，チンパンジーなどの類人猿は，特別の訓練を行えば，ある程度人間の言語を習得することも可能である。さらに最近では，**サベッジ-ランボー**ら（Savage-Rumbaugh, S. et al., 1986）は，ボノボ（ピグミーチンパンジー）のカンジが，組織的な訓練なしにレキシグラムを使えるようになっただけでなく，人間の日常会話もかなり理解するなど，すぐれたコミュニケーション能力を持つことを報告している。

❷ 言語相対性仮説

アラブでは，ラクダの性別や年齢などを区別する多くの語があるといわれる。また，日本でも出世魚といわれるブリは，成長にしたがって名前を変え，たとえば東京地方ではワカシ → イナダ → ワラサ → ブリと変化する。ある言語では1語で表されるものが，他の言語では非常に細かく区別されそれぞれ異なった語で表されるというように，事物のカテゴリー化の仕方はしばし

I部　心理学の基礎

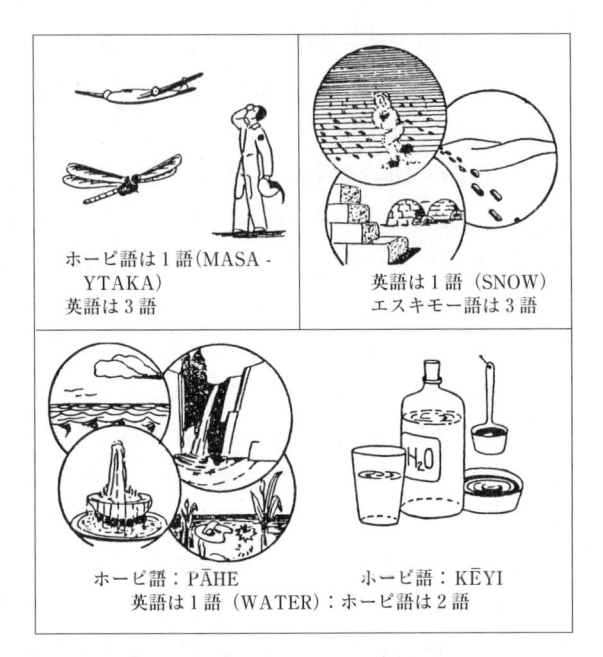

図4-1　英語とエスキモー語，ホーピ語の対応（Whorf, 1956）

ば言語によって異なっている。このことは，われわれのものの見方や考え方も異なっているということなのであろうか。

　ウォーフ（Whorf, B. L., 1956）はまさに，言語が異なれば認知・思考の仕方も異なる，すなわち言語が思考を規定すると考えた。これを**言語相対性仮説**（language relativity hypothesis）という。彼がこの仮説の根拠としたのは，おもにアメリカ先住民などの言語と英語などの標準的ヨーロッパ語との比較である。たとえば，ホーピ語では，鳥を除く飛ぶものすべて（昆虫，飛行機，飛行士など）を1語で表す（図4-1）。一方，イヌイット（エスキモー）の言葉では，「降っている雪」「積もった雪」など雪の状態によってそれぞれ異なる単語を持つ。

　しかし，言語的に区別しないということは，知覚的にも区別できないということではない。ホーピ語でトンボと飛行機を区別しないからといって，ホ

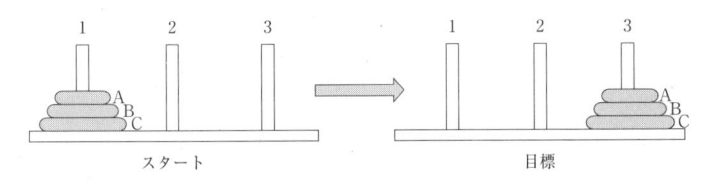

図4-2 「ハノイの塔」問題（Anderson, 1990）

ーピ族の人々がその違いにまったく気づかないということではない。また，英語を話すアメリカ人が，「降っている雪」と「積もった雪」を区別できないということでもない。ただ，そのような雪の状態の違いは，イヌイットの文化にとっては重要であるだろうが，一般のアメリカ人にとっては重要でないということである。要するに，事物・事象を表す単一の語が存在することは，その語が示す認知的カテゴリーが社会的に有用性が高いことを意味している。現在では，言語は，思考や行動の容易さに影響してはいるが，厳密な意味での決定をすることはないという弱い言語相対性仮説の考え方が支配的である。

例題

1　図4-2の「ハノイの塔」問題では，3枚の円盤がペグ1に積まれている。この円盤をすべてペグ3に移すことが，この問題の目標である。ただし，円盤は一度に1枚だけしか動かせず，またそれより小さい円盤の上には置くことができないという条件がある。

　　被験者には，この問題を解決するあいだ，声に出して考えてもらい，それを記録する。この記録をプロトコル（protocol）という。プロトコルを分析し，被験者が問題解決にどのような方略を用いたか吟味しよう。また，プロトコルが，被験者のとったすべての心的過程を表現しているか考察しよう。

2　日本語では水と湯を区別するが，英語のwaterには湯も含まれている。とくに区別して湯を表すときには，hot waterのように2語で表現する。このような英語と日本語の対応関係について，さまざまな例を探してみよう。さらに，言語相対性仮説の妥当性について考察しよう。

引用文献

Anderson, J. R. 1990 *Cognitive psychology and its implications*, 3rd ed. New York : W. H. Freeman.

Chase, W. G. & Simon, H. A. 1973 Perception in chess. *Cognitive Psychology*, 4, 55-81.

Chomsky, N. 1965 *Aspects of the theory of syntax*. Cambridge, Mass. : MIT Press. 安井稔訳 1970 『文法理論の諸相』研究社

Frisch, K. von 1971 *Bees : Their vision, chemical senses, and language*, Rev. ed. Ithaca : Cornell University Press. 伊藤智夫訳 1986 『ミツバチの不思議』第2版 法政大学出版局

Gardner, R. A. & Gardner, B. T. 1969 Teaching sign language to a chimpanzee. *Science*, 165, 664-672.

Gentner, D. & Gentner, D. R. 1983 Flowing waters or teeming crowds : Mental models of electricity. Gentner, D. & Stevens, A. L. (eds.), *Mental models*. Hillsdale, N. J. : Lawrence Erlbaum. 淵一博監修 1986 『メンタル・モデルと知識表現』(知識情報処理シリーズ 1) 共立出版

Gick, M. L. & Holyoak, K. J. 1980 Analogical problem solving. *Cognitive Psychology*, 12, 306-355.

Goodall, J. 1986 *The chimpanzees of Gombe : Patterns of behavior*. Cambridge, Mass. : Harvard University Press. 杉山幸丸・松沢哲郎監訳 1990 『野性チンパンジーの世界』ミネルヴァ書房

Griggs, R. A. & Cox, J. R. 1982 The elusive thematic-materials effect in Wason's selection task. *British Journal of Psychology*, 73, 407-420.

Hayes, C. 1951 *The ape in our house*. New York : Harper & Row. 林寿郎訳 1971 『密林から来た養女―チンパンジーを育てる―』(コスモス・ブックス) 新装版 法政大学出版局

Itard, J. M. G. 1801 De l'éducation d'un homme sauvage ou des premiers développements physiques et moraux du jeune sauvage de l'Aveyron. 中野善達・松田清訳 1978 『新訳アヴェロンの野生児―ヴィクトールの発達と教育―』(野生児の記録 7) 福村出版

Itard, J. M. G. 1807 Rapport fait à son excellence le ministre de l'intérieur, sur les nouveaux développements et l'état actuel du sauvage de l'Aveyron. 中野善達・松田清訳 1978 『新訳アヴェロンの野生児―ヴィクトールの発達と教育―』(野生児の記録 7) 福村出版

Kahneman, D. & Tversky, A. 1973 On the psychology of prediction.

Psychological Review, 80, 237-251.
Köhler, W.　1921　*Intelligenzprüfungen an Menschenaffen*. Berlin : Springer. 宮孝一訳　1962　『類人猿の知恵試験』岩波書店
McCloskey, M. E. & Glucksberg, S.　1978　Natural categories : Well defined or fuzzy sets? *Memory & Cognition*, 6, 462-472.
Newell, A. & Simon, H. A.　1972　*Human problem solving*. Englewood Cliffs, N. J. : Prentice-Hall.
Premack, A. J. & Premack, D.　1972　Teaching language to an ape. *Scientific American*, October, 92-99.
Rosch, E.　1975　Cognitive representation of semantic categories. *Journal of Experimental Psychology : General*, 104, 192-233.
Rumbaugh, D. M., Gill, T. V. & Glasersfeld, E. C. von　1973　Reading and sentence completion by a chimpanzee. *Science*, 182, 731-733.
Savage-Rumbaugh, S., McDonald, K., Sevcik, R. A., Hopkins, W. D. & Rubert, E.　1986　Spontaneous symbol acquisition and communicative use by pygmy chimpanzees（Pan paniscus）. *Journal of Experimental Psychology : General*, 115, 211-235.
Wason, P. C. & Johnson-Laird, P. N.　1972　*Psychology of reasoning : Structure and content*. Cambridge, Mass. : Harvard University Press.
Whorf, B. L.　1956　Science and linguistics. Carroll, J. B.（ed.）, *Language, thought and reality : Selected writings of Benjamin Lee Whorf*. Cambridge, Mass. : MIT Press. 池上嘉彦訳　1993　『言語・思考・現実』（講談社学術文庫）講談社

参考文献
アンダーソン, J. R.　富田達彦ほか訳　1982　『認知心理学概論』誠信書房
カーニー, H.　長町三生監修　認知科学研究会訳　1989　『問題解決』（認知心理学講座 3）海文堂
大山正編　1984　『実験心理学』東京大学出版会
ロス, I., フリスビー, J. P.　長町三生監修　認知科学研究会訳　1989　『知覚と表象』（認知心理学講座 2）海文堂

コラム

チンパンジーの問題解決

　ドイツの心理学者ケーラー（Köhler, W., 1921）は，アフリカのカナリア諸島のテネリフェ島にあった類人猿研究所で，チンパンジーの道具の使用・製作に関する実験を行った。
　たとえば，柵の外の餌を棒を使って引き寄せるといった課題では，チンパンジーたちは棒を道具として使って餌をとることができた。また，1本だけでは餌に届かない長さの棒を2本つないでとる課題では，あるチンパンジーはまず棒を1本ずつ試してみる，1本の棒を地面に置いてもう1本の棒で押しやって餌に届かせるというような行動が見られたが，成功しないとみるとあきらめて棒をもてあそんでいた。そこで偶然，両手で持った2本の棒が一直線に並んだ。すると，チンパンジーはただちに棒をつないで柵のところに行き，餌を引き寄せた。ケーラーは，このような問題解決を「洞察（見通し〔insight〕）」によるものと考えた。洞察とは，突然起こる課題状況の再体制化である。
　ところで，野生のチンパンジーの道具の使用・製作に関しても多くの報告がされており，巣のなかのアリやシロアリを手ごろな枝を使って釣ることや，ときには枝の加工もすることはよく知られている（たとえば，Goodall, 1986）。

野生児

　18世紀末フランスのアヴェロンの森で，およそ12歳と推定された少年が野生状態で発見され，医師のイタール（Itard, J. M. G.）が引き取って教育を施した（Itard, 1801, 1807）。長期間社会から隔絶されて成長した少年は，最初は四足で走り，人間の言葉を話すことも理解することもできなかった。イタールの教育や家政婦の世話によって，ヴィクトールと名づけられた少年は，情緒や行動的な側面では急速な発達を示し，ある程度知的な発達も見られたが，音声言語の習得はきわめて困難であり，ほとんど成功しなかった。フランスの映画監督トリュフォー（Truffaut, F.）の「野生の少年」（1969年）という映画のなかでは，ヴィクトールが牛乳をもらうためにやっとのことで「牛乳（lait）」と発音する場面があるが，6年間の訓練によってもわずか数語しか発声できるようにならなかった。
　野生児の事例は，初期の生育環境が人間の発達に及ぼす影響の点から，心理学者の関心を引いてきたが，野生児の話を否定する研究者もいる。上記の事例に関しても，発達の障害は社会的に隔絶された環境で生育したことの結果ではなく，むしろもともと障害があったために遺棄されたという説もある。

5章

情緒と動機

「山路を登りながら，こう考えた。智に働けば角が立つ。情に棹させば流される。意地を通せば窮屈だ。兎角に人の世は住みにくい」

これは，夏目漱石の小説「草枕」の冒頭部分である。このように，心の諸領域はよく「知・情・意」の三つの言葉で表現されるが，「情」すなわち**感情**（affect）または**情緒**（emotion）の領域は"棹を差しても舵取りが難しくて流されてしまう"ほど流動的でとらえにくく，客観的測定の困難な領域といえる。しかも，われわれのほとんどの心的活動に随伴する感情は，行動を始動させたり，方向づけや調節を行い，ときには行動を渋滞させたり（"舞台恐怖"による行動の滞りなど），行動の目標自体にもなる（美的感情を味わうための鑑賞など）。感情は人格ともまた深くかかわっている。さらに，情緒と同じく行動を起こすきっかけとなる心的状態を「行動の契機」，すなわち**動機**（motive）と呼ぶ。動機が満たされれば満足感という情緒が生じる，というふうに，両者は切り離せない。この章ではこの二つについて考えてみよう。

1節　感情と情緒

1　感情の様態

バラを見て色やかたちや香りを知覚すると同時に，「美しい」と感じるのは感情である。**感情**とは，「内外の種々の刺激に対する生理的変化，身体的

表出を伴う評価づけを含んだ個体の反応」(星野, 1967)であり, 快, 不快, 喜怒哀楽, 恐れや不安, 愛などのように主観的に経験される心の状態の総称的用語である。感情には以下に見るようないくつかの様態が区別されている。また, 狭い意味で"感情の意識面"を指して「感情」という用語が使われることがある。

(a) 気分 (mood)

原因が明白でない持続的で比較的弱い感情状態を指す。気分は, ある情緒の表出が抑制された場合に出現し, また, 情緒が激しく発現した後にその情緒の余韻としても生じる。多分に生理的影響, 外的環境の影響を受け, また, 持続的にとどまれば個人の気質とも関係してくる。体力の充実による爽快感, あるいは天候不順時のゆううつ感などは気分である。

(b) 感情 (feeling)

狭義の「感情」である。心的活動にともなって生ずる快・不快の意識状態であり, その他さまざまな色合いを帯びた情感である。

(c) 情緒または情動 (emotion)

英語のemotionにあたり, 日本語では情緒とも情動ともいわれる。感情は一般に何らかの程度の興奮をともなうが, とくに興奮度が高く, 生理的・身体的変化 (内分泌腺や内臓諸器官の活動の変化および身体表出面の変化) をともなった, 急激であるが短時間で終わる比較的強い感情状態をいう。はっきりした, 強い喜怒哀楽といってもよい。「刺激により, 強く揺り動かされた状態という元来の意味からすれば, 情動と訳す方がよく, 複雑にもつれ合ったという側面を描くには, 情緒と訳す方がよい」(吉田, 1973)という考えもある。この章では情緒という語を用いる。

(d) 情操 (sentiment)

精神的刺激 (学問・芸術・宗教など) に対して生じる感情の複合である。美醜, 真偽, 善悪などの価値づけが優位にともなわれる感情であり, 理解, 判断, 想像などの知的過程と結びついた複雑で静的な感情である。個人に長く保持されてその人の品性を形成する基礎となる感情ともいわれる。

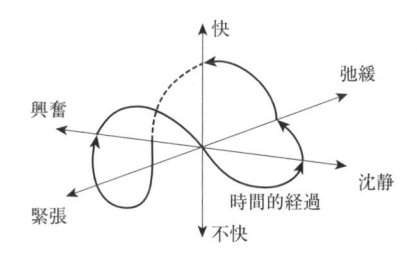

図5-1 ヴントの3方向説 (Wundt, 1874)

以上のような感情の分類は相対的なものであり,それぞれのあいだに本質的な違いがあるわけではない。以下では現代の心理学で最も多く研究されている情緒を中心に話を進めていくことにする。

2 情緒の種類と構造

われわれはさまざまに異なる情緒を感じながら生活しているが,情緒にはどのような種類があり,構造はどのようなものと考えられているのであろうか。現在までのおもな情緒研究の歩みをたどりながら,眺めてみよう。

(a) ヴントの3方向説

ドイツの**ヴント**(Wundt, W., 1874)は,意識内容は感覚と単純感情から構成されると考え,情緒について快-不快,興奮-沈静,緊張-弛緩の3方向説を主張した(図5-1)。快-不快は情緒の質的次元,興奮-沈静は強度次元,緊張-弛緩は時間的経過と関連する次元である。彼は,あらゆる情緒がこの3次元の上に位置づけられるとした。

(b) ワトソンの基本的情緒

アメリカの**ワトソン**(Watson, J. B., 1930)は,人間には生まれつき怒り,恐れ,愛の三つが基本的情緒として備わっているとした。それぞれの刺激を与えることにより,この3種類の情緒反応を起こすことができるという(たとえば,「恐れ」は大きな音や体の支えを急にはずすことにより,新生児にも見られる)。ワトソンは,ある刺激に対する情緒反応を,その情緒と無関係の中性刺激に

I部 心理学の基礎

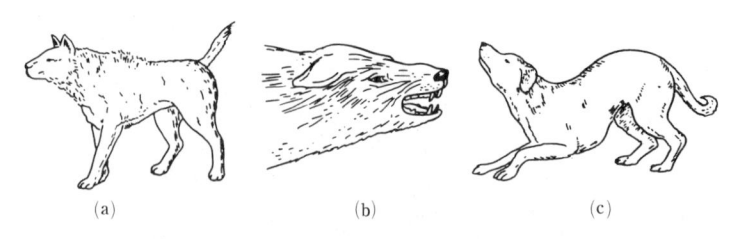

図5-2　情緒表出に関するダーウィンの原理（Darwin, 1872）
(a)と(b)はおどしの姿勢である。唇を引き歯をむきだすという「連合的習慣の原理」および背中の毛をさか立てるという「神経系の直接作用の原理」が含まれている。(c)は屈服の姿勢でおどしとは逆の行動であり，「反対の原理」を示している。

対しても喚起させることができるという**条件づけ**（conditioning）の実験を行い，条件づけによって情緒が学習されることを示した。この手法は，逆に個人にとって望ましくない情緒（不適切な対象への恐怖や不安）を「再条件づけ」により消去することもでき，現在の**行動療法**（behavior therapy）の原型となっている（3章のコラムおよび9章参照）。

(c)　ダーウィンの表情研究

他者の情緒の内容を直接知ることはできないが，身体的な表出，とくに顔面表情を手がかりにして情緒を推論することが可能である。表情の研究は，イギリスの博物学者**ダーウィン**（Darwin, C., 1872）にはじまる。彼は動物と人間の表情表出に関する経験的に得られた資料を広く収集し，それらを自らの進化論（自然淘汰説）を基盤に分析した。彼は図5-2のような絵を多数示し，情緒表出は人間と動物に共通な以下の三つの原則からなると主張した。それらは，①「連合的習慣の原理」（過去に有用であった心の状態と特定表情が連合して習慣化すると，連合された表出は有効性が失われた後も遺伝し存続する），②「反対の原理」（相反する情緒には，反対の身体的運動反応が生じる），③「神経系の直接作用の原理」（①や②のような動作は，意志や習慣から独立して，神経系の構造から直接に生じる）である。

(d)　ウッドワースの情緒カテゴリー

20世紀初頭から1920年代にかけて表情写真から特定の情緒を推測ないし

5章　情緒と動機

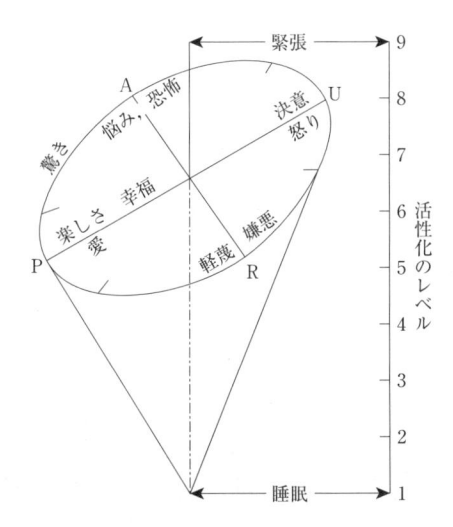

図5-3　表情認知の円錐形モデル（Schlosberg, 1954）

は分類させる研究がいくつも行われたが，一致度は低かった。そこでアメリカの**ウッドワース**（Woodworth, R. S., 1938）はもっとおおまかなカテゴリに分類を試み，①愛・喜び・幸福，②驚き，③恐れ・苦悩，④怒り・決意，⑤嫌悪，⑥軽蔑，の6種類の分類には比較的一致度の高い結果を得ることを確かめた。さらに，表情は①から⑥にかけて順々に連続線上に並んでおり，相互に近いものどうしは混同されることがあるが，離れているものは混同されにくいことを示した。

(e)　シュロスバーグの表情環

ドイツの**シュロスバーグ**（Schlosberg, H., 1952）は，ウッドワースの連続体を円形に配列し直し，これらに「快-不快」，「注目-拒否」の2次元の軸を与えることができると考えた。後に彼は，図5-3のように，これらに直行する強度の軸として「緊張-睡眠」の**活性化水準**（level of activation）を加えた円錐形モデルを提起した。

(f)　プルチックの情緒の構造モデル

プルチック（Plutchik, R., 1980）はダーウィンの影響を受け，生物の適応行

I部　心理学の基礎

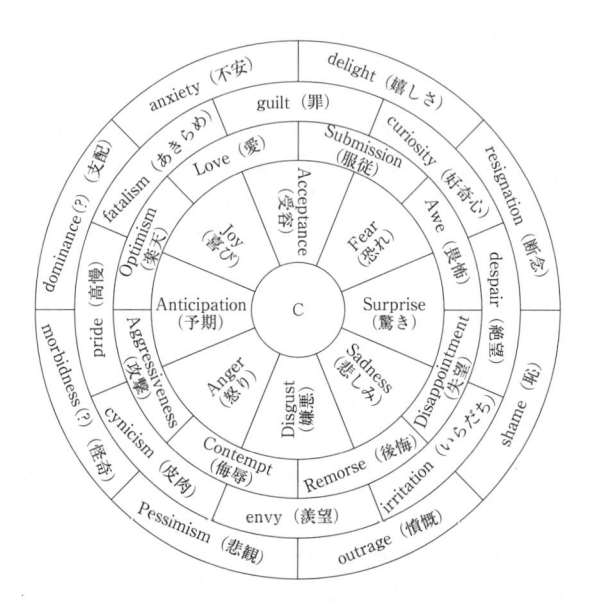

図5-4　第一次・第二次・第三次混合感情（Plutchik, 1980）

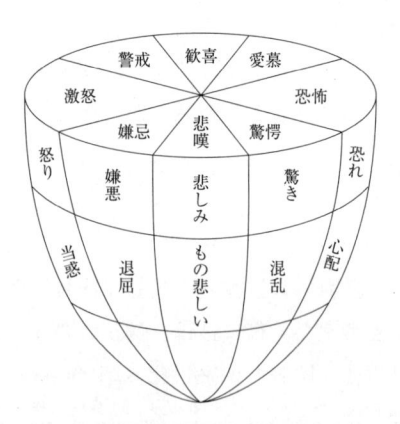

図5-5　情緒の構造モデル（プルチック, 1981）

動には八つの基本的原型パターンがあり，それぞれに対して**基本的**（一次的）**情緒**が対応すると見る。それらは，保護に対する恐れ，破壊に対する怒り，摂取に対する受容，拒絶に対する嫌悪，生殖に対する喜び，喪失に対する悲しみ，定位づけに対する驚き，探索に対する予期である。これらの一次的情緒どうしが混ざりあって日常的に観察される混合感情が生じるという（図5-4）。さらに，基本的情緒の類似度と強度に基づき体系化したものが図5-5の情緒の構造モデルである。

そのほかに，**エクマン**（Ekman, P., 1972）は表情や身振りから諸文化に共通の六つの基本的情緒（驚き・恐れ・悲しみ・嫌悪・喜び・怒り）を見出し，イザード（Izard, C. E., 1977）は基本的情緒として，興味・喜び・驚き・悲しみ・怒り・嫌悪・軽蔑・恐れ・恥じらい・罪の10種類をあげ，これらのほとんどの表出が新生児期にすでに見出されるとしている。

3 情緒の理論

情緒はどのように発生するのだろうか。たとえば，怒りとは個体の欲求行動が阻止されたときに生じる，攻撃的衝動をともなう不快な情緒である。強い怒りでは"怒髪天を衝く"という言い方のとおり，髪の毛が逆立ち，呼吸が切迫し，心臓が早鐘のように打つ。また，嬉しいときには"欣喜雀躍"の言葉どおり，自然と踊り出したい気持ちになり，声も弾む。このように，情緒には主観的な意識体験とともに，多かれ少なかれ生理的・身体的反応が随伴するが，両者のあいだにはどのようなメカニズムが存在するのであろうか。情緒の発生についての理論には，生理学的に見た説と，認知論の立場からの説がある。

(a) ジェームズ-ランゲ説

アメリカのジェームズ（James, W., 1884）は，情緒発生の原因を生理学的なものに求めた最初の人である。翌年，デンマークの生理学者ランゲ（Lange, C. G.）が別個に同様の説を立てたので，まとめてジェームズ-ランゲ説と呼ばれるようになった。ジェームズは「悲しいから泣くのではなく，泣くから

悲しいのである」といい，刺激による興奮を知覚すると，まず最初に身体的変化が起こり，その身体的変化に応じて意識されるのが情緒であると主張した。要するに，この説は，情緒の意識体験を内臓や骨格筋という末梢部分の変化の意識であるとして説明するので，**末梢起源説**と呼ばれている。

(b) キャノン-バード説

アメリカの生理学者**キャノン**（Cannon, W. B., 1927）は，末梢に興奮が伝達されないように内臓と大脳皮質を結ぶ交感神経節を切断した動物にも情緒の表出が見られることから，ジェームズ-ランゲ説を否定した。そして，情緒の中枢は間脳の視床にあるとして，**中枢起源説**を唱えた。その後，キャノンの弟子のバード（Bard, P.）の"みせかけの怒り"の実験（ネコの大脳皮質や脳の他の部位を切除すると怒りに似た反応が現れるが，視床下部を除去すると怒りを示さない）を照合して，キャノンは情緒の中枢を視床下部とした。この説を**キャノン-バード説**と呼ぶ。つまり，感覚器からの刺激による興奮は，視床下部という中継所を経てから皮質へ達して情緒を意識させ（皮質は情緒を抑制することもできる），同時に視床下部の興奮は内臓や筋肉に伝わり身体的変化を引き起こすということがわかった。現在はこちらの説がとられている。

(c) その他の生理学説と自律神経系

キャノン-バード説は，その後パペッツ（Papez, J. W., 1937）に受け継がれ，情緒の生起には視床下部だけでなく海馬や帯状回を中心にした**大脳辺縁系**の情緒回路が関与していることが示された。また，マックリーン（MacLean, P., 1949）はこの大脳辺縁系が情動活動と内臓活動を支配しており，自己保存の機能と種の保存に関連した機能があるとした。最近は，内外入力の統合やその情動的評価を行う中心領域は扁桃体であるとみなされ，また，脳幹網様体賦活系の役割も強調されている。

情緒にともなう生理的変化は，**自律神経系**の変化としてとらえることができる。情緒の成立や変化を示す生理学的指標として**皮膚電気活動**（electrodermal activity : EDA）や呼吸，血圧，心電図，脳波などの測定計を装備した**ポリグラフ**が，研究や応用分野で用いられている。しかし，情緒の型と生理

的変化とのあいだに一定の対応関係を見出すまでにはまだ至っていない。

(d) アーノルドの評価理論

アーノルド（Arnold, M. B., 1960）は，情緒の成立には主体の側の刺激状況の知覚と，その状況を判断し**評価**（appraisal）**する過程**があると考えた。彼女は情緒経験を，①知覚（刺激の受容），②評価（刺激が有益であるか有害であるかの判断），③情緒（刺激に接近するか回避するかの感じられた傾向），④表出（感じられた傾向にともなう生理的変化），⑤行為（刺激に接近するか退避する），という一連の連鎖によって説明した。

(e) シャクターの情緒の生理-認知説

シャクターとシンガー（Schachter, S. & Singer, J., 1962）は被験者に興奮剤エピネフリンを注射し，彼らの行動をいろいろな状況下で観察した。エピネフリンについてその薬効を正しく伝えられた被験者群よりも，何の情報も与えられない被験者群のほうが周囲の状況のなかの情緒的刺激（サクラ集団のみせかけの情緒表出）に覚醒の原因を求め，サクラと一緒に怒ったり幸福感を感じたりした。つまり，人は外部の事象により生理的覚醒が起こった場合，なぜそのような覚醒をしたかの手がかりを環境中に探し求め，その手がかり（環境についての知識）に適した情緒を選択するのである。このように，**認知過程が情緒体験を決定するのに重要な役目を果たしている**というのが情緒の生理-認知説である。

4 情緒の伝達

感情はどうしてわかりあえるのだろうか。対人関係におけるコミュニケーション場面で，感情・情緒の伝達は重要な役目を果たしている。コミュニケーションには，言語的側面（言語の意味内容や知識の伝達が中心となる面）と非言語的側面（表情，姿勢，身振り，声の調子，視線，対人的距離など）がある。言語は感情を表現し伝達するのに有効な手段である。同時に，われわれは情報伝達の約7％を言葉自体に，38％を声の調子に，55％を顔の表情に頼るというメーラビアン（Mehrabian, A., 1972）の研究もあり，メッセージの伝達にあた

I部　心理学の基礎

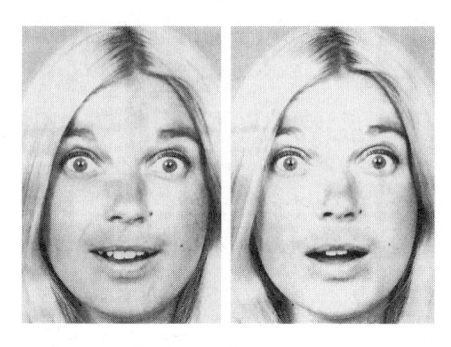

図5-6　驚きとその混合表情例（Ekman & Friesen, 1975）

って非言語的側面の重要性が示唆される。

(a)　顔面表情

情緒を伝達しあう重要な手がかりは顔の表情である。エクマンとフリーセン（Ekman, P. & Friesen, W. V., 1975）は，表情には六つの基本的情緒およびそれらが入り混じった33種類の「混合表情」が見られるという（図5-6参照）。混合する場合，ある情緒が顔の一個所に，別の情緒が別の箇所に現れる（たとえば，怒りが眉と眼に，嫌悪が口に）ことが多い。また，二つの異なる情緒に連合する筋肉の動きが同時に現れるが，どちらの情緒を示す特徴も混じりあってあいまいになるものもあるという。表情には表出の持続時間が2，3秒以上続く「巨視表情」と1秒以下の「微表情」とがある。微表情は実際に感じた情緒を瞬時に表出し，すばやくそれを抑制したものである。表情は種々の理由で統制されるが，文化的な**表示規則**の影響によるものが大きい（例：日本の文化では男の子は人前で泣いたり怖がったりしない，など）。

(b)　音声表現と情緒

言語的コミュニケーションの場合，発話内容そのものの伝達よりも，発話者の情緒の伝達や相手の感情の操作を意図する場合がある。そのためには，言語の抑揚，発話の長さや速さ，声の高さや強さ，沈黙などの要素が用いられる。声の調子で感情はかなり正確に伝達される。福井康之（1990）は，音声には，音の高さ，強さ，速さの3次元があり，それは対人関係の安定の型

に関係があるという説を紹介している。音の高さは「他者への接近」（愛と悲嘆は音声が高くなる），音の強さは「他者との対立」（怒りと侮辱は強い音声），音の速さは「他者からの回避」（冷淡は速度が速い）という3方向への動きを表すという。

(c) その他

表情や音声以外の身体的表出である姿勢・身振り・対人的距離などにも感情は表れる。荘厳舜哉ら（1986）は，表出者たちに後ろ姿で各種の情緒を表出させ，それらを10種類の情緒枠を用いて学生たちに判定させた。その結果，拒否－受容の動作群，回避－接近の動作群，悲しみの動作群の3因子を見出している。**対人的距離**については，ホール（Hall, E. T., 1966）の**プロクセミックス**（proxemics，近接学）では四つの距離（密接距離，個体距離，社会距離，公衆距離）が分類されている。個別情緒を伝える顔面表情に比べて，姿勢・身振りや対人的距離は全体的な情緒しか伝えない。また，これらには文化的差異がより目立っている。

2節 動　　機

1 動機と動機づけ

なぜ人は行動するのか。人を行動へと動かすもの，行動の原動力は何か。ものを食べるという行動を例にとってみよう（図5-7参照）。**摂食行動**ではまず人の側に空腹という状態が起こり，空腹感が発生する。これは，その人のなかに生理的欠乏や不均衡状態が生じたことによって起こる**欲求**（または要求，need）である。欲求が生じると（この例の場合は食欲求），人や動物はその欲求を解消させる方向に行動を起こそうとする。この力または状態を**動機**（motive）または**動因**（drive）という。そして，人は欲求を満たす対象・目標・状態（これらを**誘因**という）を目指して行動を開始し，それを達成しようとする（冷蔵庫のなかの食物をさがす）。欲求が充足されて動機が低減すると行動は終結する。これら一連の過程を**動機づけ**（motivation）という。

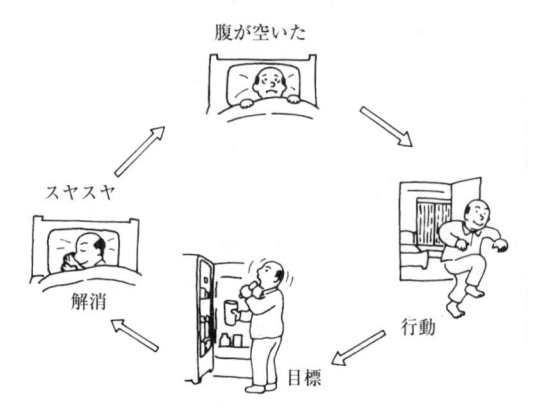

図5-7　動機づけの連鎖（本明ほか，1985）

2　動機の種類

　生活体が正常に生きていくために充足されなければならない動機を**基本的動機**と呼ぶ。この動機はすべての個体に共通であり、生得的なものと見られる。この動機はさらに生物的動機と内発的動機とに分けられ、その発動のメカニズムは異なっている。また、人には社会のなかで学習し、後天的に獲得された動機もある。

　(a)　生物的動機

　生物的動機または生理的動機といわれ、生命維持に必要不可欠であるところから**一次的欲求**（要求）とも呼ばれる。この動機には2種類が分類される。一つは、摂食，摂水，排泄，痛みや寒さなどの苦痛を回避する動機，睡眠や休息を求める動機など、**個体保存**に関係し、**ホメオスタシス**（homeostasis）から説明できるものである。ほかは性動機や保護動機，育児動機などの**種族保存**に関するものである。後者は、高度な文明を持ち社会生活を営む人間の場合は、生物的基盤（性ホルモンなど）よりも社会文化的影響（いわゆる適齢期の消滅による結婚年齢の上昇など）を受けるほうが強いと見られている。

　(b)　ホメオスタシス

　生物的動機を生ずる過程については、生理学者キャノンのホメオスタシス

の概念が適用される。キャノンは，生活体には生命を維持し，個体の内的・生理的環境を恒常に保とうとする機制があって，欠乏・不均衡を探知すると最適な均衡状態に回復する営みが行われると考える（たとえば，血流中の酸素レベルが低下すれば呼吸が速くなって酸素を供給し，酸素が上昇すれば呼吸が遅くなる）。われわれの生物的動機も，この動的平衡状態を維持していく営みであるといえる。

(c) 社会的動機

生理的基礎を有する生得的動機のほかに生後の社会生活のなかで学習された動機や欲求がある。一次的欲求を満たすために派生的に生じたものとして**二次的欲求**（要求）と呼ばれることもある。とくに社会生活や他者との関係をめぐって問題となる動機を**社会的動機**という。アメリカの**マレー**ら（Murray, H. A. et al., 1938）はTATを使って社会的動機の体系的分類を試みた（表5-1参照）。**達成動機**（achievement motive）は，困難さや障害を克服して目標を成し遂げたい，また他者との競争場面でもすぐれたいという動機である。その後，**マックレランドやアトキンソン**ら（McClelland, D. C., Atkinson, J. W. et al., 1953）によって達成動機の測定法が開発され，教育などの実用場面へも応用された。達成動機の高い人の行動特性として，個人的責任感が強く，適度な危険に挑戦する（成功の確率が低すぎたり高すぎたりせず，適度の難易度を持つ課題を目標として選択する）こと，自分の活動結果の成績を知りたがることなどが明らかにされた。**親和動機**（affiliation motive）は，他人と仲よくなり，これと友好関係を維持しようとする動機である。集団所属や承認を求める動機はここから発生しているといわれる。

(d) 内発的動機

空腹や渇きは食物や水分を胃に入れることで満たされる。学校嫌いは仲よしの友人を得ることで解消することもある。これまで見てきた動機は外的報酬を得ることによって解消するので外発的動機ともいえるが，外的報酬によらずに活動それ自体が報酬となるような動機がある。これは**内発的動機**（intrinsic motive）と呼ばれ，マレーによれば次の四つがある。

Ⅰ部　心理学の基礎

表5-1　社会的動機のリスト（Murray et al., 1938）

おもに事物と結びついた動機	獲得動機	所有物・財産を求める動機
	保存動機	収集，修理，掃除，貯蔵する動機
	整頓動機	配列し，組織し，片づける動機
	保持動機	所有を続け，集め，惜しみ，節約し，けちになる動機
	構成動機	組織し，建設する動機
大望，意志力，達成，および威信の動機	優越動機	優位にたつ動機
	達成動機	障害に打ち克ち，力を発揮し，できるだけよく，かつ早く困難なことを成し遂げようと努力する動機
	承認動機	賞賛を博し，推挙され，尊敬を求める動機
	顕示動機	自己演出し，他人を興奮させ，面白がらせ，感動させ，驚かせ，ハラハラさせる動機
	保身動機	中傷されず，自尊心を失うことを避け，良い評判を保とうとする動機
	劣等感回避の動機	失敗，恥辱，軽蔑，嘲笑を避けようとする動機
	防衛動機	非難または軽視に対して自己を防衛し，行為を正当化せんとする動機
	中和動機	再挙報復によって敗北に打ち克とうとする動機
人間の力を発揮し，それに抵抗し，または屈伏することに関係のある動機	支配動機	他人に働きかけ支配しようとする動機
	服従動機	優越者を嘆賞し，進んで追随し仕える動機
	模倣動機	他人を模倣し，競争し，同意し，信じる動機
	自律動機	影響に抵抗し，独立しようと努力する動機
	反動動機	他人と異なった動作をし，独自的であり，反対の側に立つ動機
他人または自己を損傷することに関係のある動機	攻撃動機	他人を襲撃し，損傷し，人を軽視し，傷つけ，悪意的に嘲笑する動機
	謙虚動機	罰を承服甘受し，自己を卑下する動機
	非難回避の動機	衝動を抑制して，非難，追放，処罰を避け，行儀をよくし，法に従う動機
他人との愛情に関する動機	親和動機	友情と交友を作る動機
	拒絶動機	他人を差別し，無視し，排斥する動機
	養護動機	他人を養い，助け，保護する動機
	救援動機	援助，保護，同情を求め，依頼する動機
その他の社会的動機	遊戯動機	緊張緩和，娯楽，変化，慰安の動機
	求知動機	探求，質問，好奇の動機
	解明動機	指摘，例証，報知，説明，解釈，講釈の動機

5章 情緒と動機

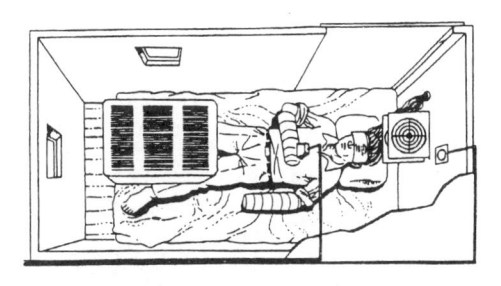

図5-8 感覚遮断の実験 (Bexton et al., 1954)

被験者は，半透明の眼鏡をかけ視覚刺激を，また耳栓によって聴覚刺激を遮断されている。触覚も手袋と厚紙のカバーで機能できず，空気調節で室内は一定に保たれている。食事とトイレのときだけ中断し，実験中の内観はスピーカーを通じて報告できるようになっている。

ベクストンら (Bexton, W. H. et al., 1954) は，大学生を被験者にして**感覚遮断実験** (図5-8) を行い，感覚刺激を最小な環境にしたところ，彼らは意識集中が困難になり認知的にも情動的にも障害を起こし，多額の報酬にもかかわらず2，3日しか耐えることができなかった。このように，たとえ生理的欲求が充足し生物的動機が低減しても，人は環境刺激（情報）のない状態には耐えられず，無意識のうちに環境刺激やその変化を求めている。これを**感性動機**という。また，新奇性を求める動機を**好奇動機**といい，好奇心や探索の欲求ともいわれる。**操作動機**は活動性動機とも呼ばれ，何かを動かしたり自分が動こうとする動機である。**認知動機**は認知機能を使用し思考する快を求める動機である。学習とは本来，好奇動機や認知動機などに基づく**内発的動機づけ**（発見や探索，思考自体が興味の尽きない快であり，この学習に内在する喜びがその原動力となる）による行動であるという説をブルーナー (Bruner, J. S., 1960) や波多野誼余夫・稲垣佳代子 (1973) が提起している。

(e) 動機のヒエラルキーと自己実現

「衣食足りて礼節を知る」という諺があるが，生活が安定してはじめて礼儀作法が生じるという意味である。**マズロー** (Maslow, A. H., 1954) は，人の欲求は図5-9のような階層構造を持つものと考えた。最初に「生理的欲求（動機）」が満たされた後「安全・安定の欲求」が出現し，次に「愛情・所属

I部　心理学の基礎

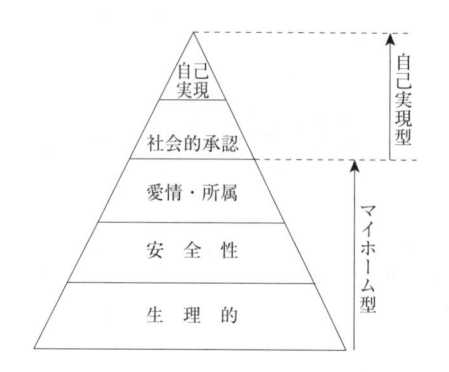

```
         自己
         実現          ┐
      社会的承認         │ 自己実現型
                      ┘
     愛　情・所　属       ┐
                       │
      安　全　性         │ マイホーム型
                       │
      生　理　的         ┘
```

図5-9　動機のヒエラルキー（Maslow, 1954をもとにした図）

欲求」が生じる。極度の空腹時には腐りかけの食物でも口にしてしまうかもしれないが，これは食欲求が安全欲求に優先するからである。こうして次々と進み，最高次元には**自己実現**（self-actualization）の動機が位置する。自己実現とは，自分に備わった能力や可能性を最大限に現実化し，自己向上しようとする動機で，四つの下位次元が満たされたときに生じてくるものとされている。しかし一方で「武士は食わねど高楊枝」という諺にも見られるとおり，自尊心や自己実現のために寝食を軽視する場合もある。

❸　欲求阻止と行動

　欲求が起こると人はこれを満たして平衡状態に戻ろうとする行動をとる。欲求が充足されれば緊張は解消する。しかし，行動が妨げられたり，遂行した結果が欲求の充足をもたらさない場合もある。また，複数の欲求の競合が**葛藤**（conflict）という緊張状態（欲求阻止状態の一種）をもたらすこともある。

　(a)　欲求阻止・欲求不満（フラストレーション）

　欲求はいつも満たされるとは限らない。むしろ，行動が何らかの障害・妨害にあって欲求の達成を阻止されることのほうが多い。このように動機が充足されない状態，またはそれによって生じる不快な心的状態を**フラストレーション**（frustration）という。こうした事態では，非合理で適応性を欠いた行

動がしばしば認められる。**攻撃**は，欲求を阻止した対象に対する攻撃行動のことである。**退行**は欲求不満に陥ったとき，より低い発達段階に逆行することである。**固着**とは，強い欲求不満状態のもとで対処不能と感じたとき，状況と無関係な行動が常同的に示される傾向である。フラストレーションを克服する能力を**欲求不満耐性**（frustration tolerance）といい，発達を通じたさまざまな体験，学習を経ることで，この耐性を強化することができる。

(b) 葛藤（コンフリクト）

二つ以上の相反する動機（欲求）が，同時にほぼ等しい強さで存在し，行動の決定が困難な状態を葛藤という。レヴィン（Lewin, K.）によれば，葛藤の生じる状況は以下の三つの場合が考えられる。①**接近 – 接近型葛藤**（二つが正の誘因性を持つ。例：あれもこれもやりたい），②**回避 – 回避型葛藤**（二つが負の誘因性を持つ。例：あれもこれもやりたくないが，どれかやらねばならない），③**接近 – 回避型葛藤**（対象に正と負の両方の誘因が存在する。例：怖いもの見たさ）また，後にホブランド（Hovland, C. I.）とシアーズ（Sears, R. R.）の加えたものとして，④**二重接近 – 回避型葛藤**（二つの対象がそれぞれ正と負の両方の誘因を持つ。例：辛いが報酬のよい仕事か，おもしろいが報酬の安い仕事か）がある。

> **例題**
>
> 1 大人と子どもの情緒はどのように違うであろうか。あなたの周囲の成人や幼児を観察して，意識面と表出面から見たそれぞれの特徴を考えてみよう。
> 2 葛藤場面における有効で合理的な対処行動としてどのような方法が考えられるだろうか。あなたが遭遇した具体的な葛藤例を想起しながらいくつかの方法を書き出してみよう。

引用文献

Arnold, M. B. 1960 *Psychological aspects.* (Emotion and personality, vol. 1), New York : Columbia University Press.

Bexton, W. H., Heron, W. & Scott, T. H. 1954 Effects of decreased variation in the sensory environment. *Canadian Journal of Psychology,* 8, 70–76.

Bruner, J. S. 1960 *The process of education.* Cambridge : Harvard University Press. 鈴木祥蔵・佐藤三郎訳 1963 『教育の過程』岩波書店

Cannon, W. B. 1927 The James-Lange Theory of emotion : A critical examination and an alternative theory. *American Journal of Psychology,* 39, 106-124.

Darwin, C. 1872 *The expression of the emotions in man and animals.* Chicago : University of Chicago Press.

Ekman, P. 1972 Universals and cultural differences in facial expressions of emotion. *Nebraska Symposium of Motivation, 1971.* Lincoln : University of Nebraska Press.

Ekman, P. & Friesen, W. V. 1975 *Unmasking the face : A guide to recognizing emotions from facial clues.* Englewood Cliffs, N. J. : Prentice-Hall. 工藤力訳編 1987 『表情分析入門―表情に隠された意味をさぐる―』誠信書房

Hall, E. T. 1966 *The hidden dimension.* Garden City, N. Y. : Doubleday. 日高敏隆・佐藤信行訳 1970 『かくれた次元』みすず書房

波多野誼余夫・稲垣佳代子 1973 『知的好奇心』中公新書

平凡社編 1981 『心理学事典』新版 平凡社

星野喜久三 1967 「感情の発達」三宅和夫・宮本実編『児童心理学』川島書店

福井康之 1990 『感情の心理学―自分とひととの関係性を知る手がかり―』川島書店

Izard, C. E. 1977 *Human emotions.* New York : Plenum.

James, W. 1884 What is an emotion? *Mind,* 9, 188-204.

MacLean, P. 1949 Psychosomatic disease and the "Visceral Brain" : Recent developments bearing on the Papez Theory of emotion. *Psychosomatic Medicine,* 11, 338-353.

Maslow, A. H. 1954 *Motivation and personality.* New York : Harper & Row.

McClelland, D. C., Atkinson, J. W., Clark, R. A. & Lowell, E. L. 1953 *The achievement motive.* New York : Appleton-Century-Crofts.

Mehrabian, A. 1972 *Nonverbal communication.* Chicago : Aldine-Atherton.

本明寛ほか 1985 『現代心理学入門』実務教育出版

Murray, H. A. et al. 1938 Explorations in personality : A clinical and experimental study of fifty men of college age. New York : Oxford

University Press.
Papez, J. W. 1937 A proposed mechanism of emotion. *Archives of Neurology and Psychiatry* (Chicago), **38**, 725–744.
Plutchik, R. 1980 *Emotion : A psychoevolutionary synthesis*. New York : Harper & Row.
プルチック，R. 1981 「情緒と人格」浜治世編『動機・情緒・人格』（現代基礎心理学 8）東京大学出版会
Schachter, S. & Singer, J. 1962 Cognitive, social, and physiological determinants of emotional state. *Psychological Review*, **69**, 379–399.
Schlosberg, H. 1952 The description of facial expressions in terms of two dimensions. *Journal of Experimental Psychology*, **44**, 229–237.
Schlosberg, H. 1954 The dimensions of emotion. *Psychological Review*, **61**, 81–88.
荘厳舜哉・土井聖陽 1986 「後ろ姿で表出された情動情報のカテゴリー化」『心理学研究』**57**(1)，47–50.
Watson, J. B. 1930 *Behaviorism*. New York : W. W. Norton.
Woodworth, R. S. 1938 *Experimental Psychology*. New York : Holt.
Wundt, W. 1874 *Grundzüger der physiologischen Psychologie*. Leipzig : Engelmann.
吉田正昭 1973 「要求・行動・感情・情緒」東洋ほか編集『心理用語の基礎知識―整理と検証のために―』有斐閣

参考文献
浜治世編 1981 『動機・情緒・人格』（現代基礎心理学 8）東京大学出版会
堀哲郎 1991 『脳と情動―感情のメカニズム―』（ブレインサイエンス・シリーズ 6）共立出版
宮本美沙子編 1991 『情緒と動機づけの発達』（新・児童心理学講座 7）金子書房
宮本美沙子・奈須正裕編 1995 『達成動機の理論と展開』金子書房
荘厳舜哉 1986 『ヒトの行動とコミュニケーション―心理生物学的アプローチ―』福村出版
安田一郎 1993 『感情の心理学―脳と情動―』青土社

コラム

感情と認知―卵が先か鶏が先か―

　感情は知的活動の原因なのか，それとも結果なのであろうか。この問題には昔から多くの学者が説を述べてきた。まず，記憶や表象，思考などの認知過程が感情の原因であるとする説がある。ヘラー（Heller, R.）は，感情は生活経験の思い出であるという。感情はそれに先立つ思い出がなければならず，やけどをした子どもだけが火を怖がるのである。記憶像（表象）が感情に重要な役割を演じるというこの考えは，ヴントやスタンレー（Stanley, H. M.）の，表象を感情の基礎と見る意見と一致する。

　次に，感情を知的活動の原因とする諸説がある。オニアンズ（Onians, R. B.）によれば，感情は意識に一定の輪郭をかたちづくる前にぼんやりと感じられるもので，観念に先立つという。また，ラパポート（Rapaport, D.）は豊富な臨床経験から，感情が記憶を統制し，選択再生や忘却を引き起こすことを明らかにしている。イザードによれば，人の心には絶えず状態としての感情（気分や態度）が存在し，それが引き続く認知過程に随伴し，それらを推進し方向づける。そして，さらに続く過程において感情と知的活動の相互作用も見られ，その結果として醸成された新たな気分や態度が潜在化して持続するものと考えられている。

　感情と認知の相互作用過程の媒介がうまく働かない状態を反映する症状として，**アレキシシミア**（alexithymia）がある。これは**失感情症**または**失感情表現症**とも訳される，心身症患者にしばしば認められる心理的特徴で，自らの感情の認知とその表現に欠けている状態を指す。自分の感情を意識し，言葉や態度にして表現することができにくいため，事実のみ執拗に述べるが自然な感情の表出がともなわず，面接者とのコミュニケーションも困難となる。これは，認知を営む新皮質と，感情を営む大脳辺縁系・視床下部との解離を反映しているものという考えもある。

6章

発　　達

1節　遺伝と環境

❶　発達とは

　発達とは，受胎から，誕生を迎え，児童期や青年期を経て一人前の大人になり，やがて老齢期を迎えて死に至るプロセス全体をいう。発達というと，ともすれば子どもから大人になるまでのあいだだけを思い浮かべやすい。しかし，近年の心理学では，人間の生涯全体を発達というプロセスとしてとらえている。このような**生涯発達心理学**が生まれてきた一つの理由は，平均寿命が長くなり，大人になった後も，多くの課題が人生に存在することが注目されるようになったからである。また，心理学研究が進むにつれて，大人になってからの心的能力の変化の多様性が明らかになってきたことも理由にあげられる。

❷　遺伝と環境

　人間に限らずどの動物も発達するが，人間以外の動物の場合，遺伝的に決定されたプログラムがその大筋を決めている。人間も，発達の身体的側面は遺伝によって決まる部分が大きい。しかし，心理的側面は発達の到達点や発達の際に通る道筋がきわめて多様であり，遺伝だけで発達が決定されるとは

思われない。このように大きな可塑性を持つ心理の発達は，何によって決まるのだろうか。

　この問題は，われわれの発達には**遺伝**と**環境**のいずれの影響が大きいのかという問題として研究されてきた。日常生活のなかで，人を評価する際に「あの人は名門の出だ」とか「彼は勉強家だ」などという言い方をすることがある。前者は遺伝の，後者は環境の重要性に注目した言い方といえよう。しかし，少し考えれば気づくように，名門の出だとすれば遺伝だけではなく環境にも恵まれていたはずである。また，勉強に適した遺伝的な資質があるかもしれない。このことからも，遺伝と環境の両方が発達に影響を与えているのは確かだとしても，それぞれの影響の大きさを決定するのは難問であることがわかる。

　遺伝と環境の影響を調べる一つの方法として，双生児を研究する方法がある。しかし，ふつう双生児は同じ家庭で育てられるため，遺伝だけではなく環境要因もまたほとんど同一になる。遺伝と環境の問題を研究するには，まったく同じ遺伝子を持つ一卵性双生児だけでなく，二卵性双生児，ふつうの兄弟，別々の環境で生育した双生児，親子など，さまざまな事例を総合して考察していく必要がある。

　遺伝と環境に関する一つの考え方として，ジェンセン（Jensen, A. R.）の唱えた**環境閾値説**がある。これによれば，遺伝と環境の関係は一様ではない。環境が相当に悪くても遺伝的に持っているものが比較的そのまま発現しやすい資質（遺伝的資質が発現するのに必要な環境の閾値が低い資質）と，環境が十分に整ってはじめて，生まれ持っているものが発現する遺伝的資質（遺伝的資質が発現するために必要な環境の閾値が高い資質）があるという。たとえば身長などは環境の影響を比較的受けにくい遺伝的資質である。一方，外国語の音韻の弁別などは，発達のある時期に十分な環境が整っていたり，特定の訓練を受けないと困難である。

2節　乳児の能力

1　乳児は無力か

　人間の乳児は，生まれてしばらくのあいだ，他のほ乳類の乳児と比べてきわだって無力であるように見える。立ったり歩いたりできないどころか，目も見えず首もすわらず，ただ抱かれて世話をされるだけのように思われる。このような，ふつうの動物ならばまだ胎内にいるような状態で生まれてくる人間の乳児を，**ポルトマン**（Portmann, A., 1951）は**生理的早産**と呼んだ。

　しかし，人間の乳児が無力で何もできない状態にいるという見方は正しいのだろうか。それとも，乳児には人間として発達していくための何らかの能力が備わっているのだろうか。

2　乳児の能力

　人間の乳児にはその時期にだけ見られる**反射**がいくつかある。たとえば，口の端にものが触れるとそちらを向き，唇に触れたものを吸う反射がある（吸いつき反射）。この反射は生後数カ月で失われるが，そのあいだ，乳児がミルクを飲み栄養を摂取するのに重要な役割を果たしている。

　乳児の知覚能力に関する研究も，乳児が持つさまざまな能力を明らかにしている。乳児は近視で，生まれてまもない頃は視力0.02ほど，生後6カ月でも0.2ほどしかないが，しかし，これは乳児の間近にあるもの，手に届く範囲のものを見るには十分適している。また，生後数日のうちに，提示された図形のパターンの有無などを見分け，無地のものよりも複雑なものに注視する傾向がある。なかでも，人の顔（あるいはそれに似た図形）に対する注視時間が長い。乳児の微笑は，生後数カ月経つと他の図形などよりも人間の顔に対して向けられることが多くなる。

　聴覚に関する研究からも乳児の能力が示されている。たとえば，妊娠末期の数カ月は外界の音や母親の声を聞いている。また，乳児も音源の方向がわ

かる。また，生後まもない時期，たとえば「パ」と「バ」という微妙な音の差を弁別でき，母語と母語以外の言語とを聞き分けることもできる。

乳児の前でゆっくりと舌を出したりすると，それを模倣することができる。これを**共鳴動作**というが，外界を知覚し，それに応じた反応をすることができるのである。

このように見てくると，人間の乳児は，生きていくために重要な能力や，人間としての発達に必要なことを獲得する基礎的能力を備えていることがわかるだろう。また，これらの能力は，周囲にいる人間，とくに乳児の世話をし，乳児の愛着の対象となる人間とかかわりあうなかで，十分に生かされていくようになっていることに気づくだろう。

3節　自己の形成

❶　自他の融合

大人は，自分と自分以外の人やものとを明確に区別している。自分の意識，考え，気持ち，身体，行動は自分のものであり，他人のそれらと深くかかわりあってはいるとしても別のものだと考えている。しかし，乳児にとってはどうなのだろうか。乳児は自分の身体，自分の心というものを理解しているのだろうか。

実は，乳児は自分と自分以外の人やものとを明確に分けているわけではない。その境界は溶けあい，あいまいである。たとえば，乳児が自分の手を不思議そうに見ているとき，この乳児にとって自分の身体は，自分自身というよりも自分のまわりにある自分以外のものと同様に探索の対象となっている。また，乳児にとって母親などとの心理的なつながりはたいへん強い。愛着を抱いているこのような他者とは心理的に未分化であり，自分と他者とが溶けあっており，分かれていない部分がある。

段階	心理・社会的危機	人格的活力（徳）	重要な対人関係の範囲	社会価値、秩序に関係した要素	心理・社会的行動様式	儀式化の個体発生	心理・性的段階
I	信頼：不信	望み	母および母性的人間	宇宙的秩序	得る、見返りに与える	相互的認知	口唇期
II	自律性：恥、疑惑	意志	両親的人間	"法と秩序"	つかまえ、はなす	善悪の区別	肛門期
III	自発性：罪悪感	目的感	核家族的人間	理想的原型	ものにする（まねる）、らしく振る舞う（遊ぶ）	演劇的	エディプス期
IV	勤勉性：劣等感	有能感	近隣、学校内の人間	技術的要素	ものを造る（完成する）、ものを組み合わせ組み立てる	遂行のルール	潜伏期
V	同一性：同一性拡散	忠誠心	仲間グループ、グループ対グループ、リーダーシップのモデル	知的、思想的な将来の展望	自分になり切る（あるいはなれない）、他人が自分になり切ることを認め合う	信念の共同一致	青年期
VI	親密性：孤立	愛情	友情における相手意識、異性、競争・協力の相手	いろいろな型の協力と競争	他人の中に自己を見出す、見失う		性器期
VII	生殖性（世代性）：停滞	世話	分業と子前を生かす家族	教育と伝統の種々相	存在を生む、世話をする	世代継承的認可	
VIII	統合性：絶望	知恵	"人類" "私のようなもの"（自分らしさ）	知 恵	一貫した存在を通して得られる実存、非存在への直面		

図6-1 心理社会的発達段階（無藤ほか、1995）

2 自他の分離

自分の身体が自分のものであり，他者とは別なのだという意識が明確にできてくるのは，生後2年近くを経てからである。これはたとえば，この頃の幼児は，鏡に映った自分の姿を自分自身だと認識できるようになることからわかる。2歳から4歳くらいの頃は**反抗期**と呼ばれる時期であり，親のいうことにいちいち逆らう。なぜ反抗するのかといえば，自分の欲求や意図が自分のものであり，他人の欲求とは異なると認識できるようになったからである。反抗する一方で，この時期からしだいに，自分で自分を抑制することもできるようになる（柏木，1983）。これもまた，自分という意識が確立してきたからこそである。

3 自己の確立

学童期を通じて，しだいに自分についての認識は外面的な特徴よりも内面的な特徴に基づくようになっていく。そして思春期に入ると**第二反抗期**を迎える。これは，内面的なものを含めた自己についての意識が高まり，それにともなって，家庭，学校，社会などに対して自分自身の立場からさまざまなことを考えはじめるようになるからである。この過程はやがて青年期になると，自分はどういう存在なのかという自分自身に対する問いかけへと深まっていく。この問いかけを通じて，自分は何者なのかという疑問を何度も抱きながら，やがて**アイデンティティ**（identity）が確立されていく。

　エリクソン（Erikson, E. H.）は，アイデンティティの確立を含めて，人間が発達する過程で達成すべき課題を八つの段階に整理して示した。それぞれの段階に，われわれが達成すべき課題と達成できないときに陥る危機がある（図6-1）。

4節　言葉の発達

1　話しはじめるまで

　乳児は，生後1，2カ月くらいから機嫌のいいときに**喃語**（なんご）を発する。これは「アー」「ダー」といった発声で，何かを指示したり意味したりしているわけではなく，厳密な意味では言葉ではない。しかし，喃語はやがて言葉を発するための発声やコミュニケーションの準備練習のようなものである。喃語はやがてさまざまな母音や子音を含むものへと変わっていく。7，8カ月を過ぎる頃には母国語の発音や抑揚に似たものになり，また，コミュニケーションの意図を持った喃語が含まれるようになる。

　生後1年ほど経つと意味のある言葉が発せられるようになる。これを**初語**という。このときから「ママ」「パパ」などの単語を話すようになる。しかし，幼児が用いる一語は単に辞書に載っている意味での「ママ」「パパ」ではなく，「ママ，どこ？」「パパにあげる」などの文としての意味で用いられていると考えられる。そのためこれは**一語文**と呼ばれる。

2　文法，語彙，識字能力

　1歳半〜2歳になると「パパ，ブーブー」「ママ，行く」などのように二つの単語を用いた**二語文**を話すようになる。二つ以上の単語をつなげて話すためには文法規則が必要であるが，基本的な文法規則は4歳児の頃にはすでに習得しているといわれる。文法を習得すれば，それまでに聞いた文を繰り返すだけではなく，規則に則って，新しい文を自分で生成することが可能になる。**チョムスキー**（Chomsky, N.）は，このような文法を習得する能力が人間には生得的に備わっていると考えた（大津，1987）。

　この間，語彙も爆発的ともいえる増加を見せる。英語圏の研究によると，控えめに見積もっても，5歳になるまでに2000語あまりを習得しているという。また，日本の6歳児は，平均して1日に22語の単語を習得している

という推計もある。

文字の読み書き能力（識字能力）の習得もきわめて重要である。文字を用いるとは，時間や距離や相手に制約されずにコミュニケーションをする能力を持つことである。そしてそれは，思考の質の変化をももたらす。話し言葉が自然に習得されるのに対して，識字能力を十分に習得するには，ある程度意図的で組織化された長時間にわたる教育が必要となる。

言葉の習得は，単にコミュニケーションの手段となるだけではない。言葉は外界の認識，思考と深くかかわりを持っている（4章）。

5節　対人関係の発達

❶　愛　　　着

乳児にとって，他者，ひいてはこの世界に対する基本的信頼感を獲得することがまず重要である（2節参照）。そのためには，乳児が安らぎを得ることができる，ある特定の対象との密接な情緒的つながりが必要であるが，このようなつながりを**愛着**（attachment）という。乳児にとって愛着の対象となる代表は母親である。これは実際に乳児の世話をする役割を負うのが母親であることが多いからで，母親でなければならないというわけではない。ハーロウ（Harlow, H. F.）の実験が示しているように，愛着が生まれるためには，単に空腹を満たすといった生理的要求をかなえるだけでは不十分である。あたたかく包まれた場を提供するというように，心理的な要求を満たすことが愛着の形成にとってはより重要である（図6-2）。

❷　家　　　族

母親とともに幼児の対人関係に重要な役割を果たすのは父親である。父親は，母親とは異なるかかわり方を子どもとすることが多い。お風呂に入れる，外で遊ぶといった役割分担の違いもあれば，より活発な身体運動をともなった接し方をするなど，行動自体の性質にも違いが見られる。子どもにとって

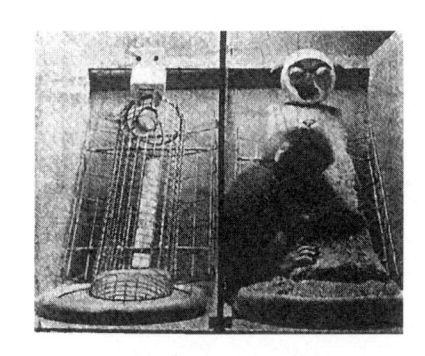

(a) Harlow, 1971   (b) Jolly, 1972

図6-2　代理母の実験

　生後まもないアカゲザルの赤ちゃんを，写真のような代理母（人形）のもとに置いた。この赤ちゃんは，ミルクをくれる針金の代理母よりも，ミルクをくれないが柔らかい布製の代理母に愛着を示した。多くの時間を布製の代理母のもとで過ごし，おりのなかに見慣れないものが置かれたりして脅威を与えられると，布製の代理母のほうにしがみついた。単に生存に必要な生理的要求を満たすだけでは愛着が生まれないことが，この実験からわかる。

は，父親と接することで，愛着の対象が増えるだけでなく，質の違う対人関係を経験し，対人関係の幅が広がることになる。

❸　仲間，社会的ネットワーク

　子どもは成長するにつれて，しだいに親よりも仲間と過ごす時間が増え，また仲間を大事にするようになっていく。遊び時間では，小学校低学年頃から親よりも仲間と過ごす時間が増えてくる。また，10歳くらいからの時期をギャングエイジと呼ぶことがあるが，これはこの時期に，数人の特定の仲のいい友人が自然にでき，強い仲間意識を持って徒党を組んで遊ぶようになるからである。さらに，仲間との同調行動についての研究によれば，中学校から高校にかけては，反社会的行動であっても，仲間からすすめられた場合にはその誘いに乗りやすくなることが示された（Berndt, T. J., 1979）。心理的に仲間の重要性が高くなっていくことの一つの現れといえる。両親などの養

育者やきょうだいに加えて，仲間などと接することにより，対人関係の経験はいっそう多様になる。子どもは，特定の養育者とだけかかわりを持つのではなく，このような**社会的ネットワーク**のなかで発達していく。

6節　社会・文化のなかでの発達

❶ 社　会　化

2節で述べたように，人間はまわりの人間と相互交渉しながら発達していくが，まわりの人間は，さらに何らかの共同体，社会組織，文化のなかで生活している。人間に囲まれながら発達するとは，したがって，ある文化のなかで，その文化の行動様式，価値観などを獲得し，社会のメンバーとして適切な行動様式を形成するプロセスでもある。このような過程を**社会化**（socialization）の過程と呼ぶ。

❷ 基本的生活習慣

乳児期や幼児期は，就寝，食事，着替え，入浴などの基本的生活習慣を身につけていく時期である。これらの習慣は，生理的欲求とのつながりが大きいが，その一方で文化の価値観，社会的要請などの影響も強く受けている。たとえば，日本ではおむつをとり排便，排尿の訓練をするトイレットトレーニングの時期が，ここ数十年で，年齢で1歳以上も遅くなった。これは，紙おむつの普及などの生活様式が変化したことと関係している。子どもが誰と寝ているかを調べた調査によると，一人で寝ている3歳児は日本ではわずか4％なのに対して，アメリカでは70％にのぼる。一方，母親と寝ている（母親に加えて父親や兄弟も一緒の場合を含む）3歳児は，日本では70％を超えるのに対して，アメリカでは4％であった（東ほか，1981）。居住環境の違いも理由の一つかもしれないが，他人とのつながりを重視する日本の文化と，個人の自立を重視するアメリカの文化の違いが，このようなところにも関係しているらしいことに気づくだろう。

6章 発　　達

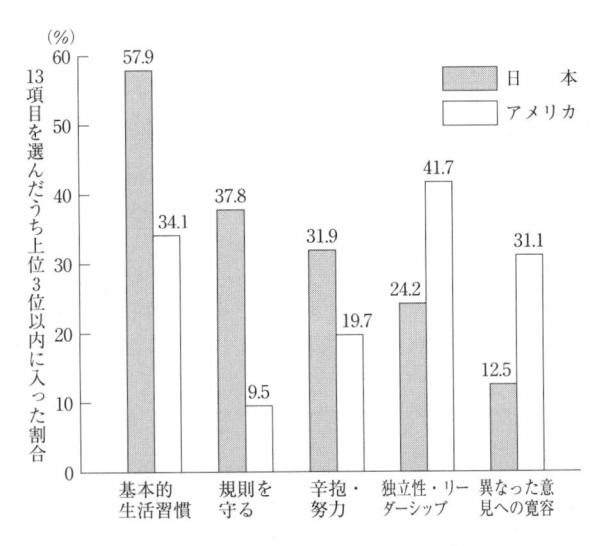

（％）
60 ┤ 57.9
　　　　　　　　　　　　　　　　　　　日　　本
　　　　　　　　　　　　　　　　　　　アメリカ

図6-3　「いい子」の特性──母親の意見の日米比較（石島・伊藤，1990）

棒グラフ値：
- 基本的生活習慣：日本 57.9／アメリカ 34.1
- 規則を守る：日本 37.8／アメリカ 9.5
- 辛抱・努力：日本 31.9／アメリカ 19.7
- 独立性・リーダーシップ：日本 24.2／アメリカ 41.7
- 異なった意見への寛容：日本 12.5／アメリカ 31.1

縦軸：13項目を選んだうち上位3位以内に入った割合

3　価　値　観

　基本的生活習慣以外のしつけになると，文化の価値観などの差がより顕著に見られる。たとえば，どういう特性を持っている子が「いい子」かを母親にたずねた調査がある（図6-3）。ここであげられている特性は，しつけや教育の目標，ひいてはどのような人間をそれぞれの文化が理想的だと考えているかと深く結びついているに違いない。そして，子どもに対するさまざまな働きかけ全体に影響を与えていることだろう。

　ある文化のなかで発達し，文化を受け継ぐとは，単に知識としてある文化を知るということではない。生まれたときからはじまる，ごくふつうの日常生活のなかに埋め込まれた，文化を背景にしたあらゆる面にわたる働きかけの集積の結果なのである。

┌─例題──────────────
│ 1　あなたときょうだい，もしくはあなたと両親，親戚などを比べながら，あな

たが持っている次のような能力や資質が遺伝による影響を強く受けているのか，あるいは環境の影響を強く受けているのかを考えてみよう。

身長，容姿，性格，日本語能力，学業，得意な学科，得意なスポーツ，趣味，食べ物の好き嫌い，体質。

2 あなたは自分自身をどういう人間だと考えているだろうか。「自分は○○である」という文を20個つくってみよう。その後それらの文を見直して，自分で自分をどうとらえているのかを考えてみよう。

3 幼児，小学校，中学校，高校，大学のそれぞれの時期に，あなたが親しく接した家族や友人が誰であったかを書き出してみよう。そして，それぞれの人とよく行った遊びや活動を思い出してみよう。そこにはどのような特徴が見られるだろうか。

引用文献

東洋 1969 「知的行動とその発達」岡本夏木ほか編『認識と思考』（児童心理学講座 第4巻）金子書房

東洋・柏木惠子・ヘス, R. D. 1981 『母親の態度・行動と子どもの知的発達—日米比較研究—』東京大学出版会

Berndt, T. J. 1979 Developmental changes in conformity to peers and parents. *Developmental Psychology*, 15, 608-616.

Harlow, F. H. 1971 *Learning to love.* San Francisco : Albion Publishing Company. 浜田寿美男訳 1978 『愛のなりたち』ミネルヴァ書房

石島葉子・伊藤綾子 1990 『「おとな」から見た子ども像』白百合女子大学卒業論文（未発表）

Jolly, A. 1972 The Evoluation of Primate Behavior, 2nd. ed. New York : Macmillan. 矢野喜夫・菅原和孝訳 1982 『ヒトの行動の起源—霊長類の行動進化学—』ミネルヴァ書房

柏木惠子 1983 『子どもの「自己」の発達』東京大学出版会

無藤隆・久保ゆかり・遠藤利彦 1995 『発達心理学』（現代心理学入門 2）岩波書店

大津由紀雄編 1987 『ことばからみた心—生成文法と認知科学—』（認知科学選書 13）東京大学出版会

Portmann, A. 1951 *Biologische Fragmente zu einer Lehre vom Menschen.* Basel : Schwabe. 高木正孝訳 1961 『人間はどこまで動物か—新しい人間像のために—』岩波新書

参考文献

東洋　1994　『日本人のしつけと教育―発達の日米比較にもとづいて―』（シリーズ人間の発達 12）東京大学出版会

エリクソン, E. H.　小此木啓吾訳編　1982　『自我同一性―アイデンティティとライフ・サイクル―』新装版　誠信書房

井上健治・久保ゆかり編　1997　『子どもの社会的発達』東京大学出版会

柏木惠子・古澤頼雄・宮下孝広　1996　『発達心理学への招待―こころの世界を開く 30 の扉―』ミネルヴァ書房

正高信男編　1999　『赤ちゃんの認識世界』（ことばと心の発達 1）ミネルヴァ書房

コラム

アイデンティティ

　アイデンティティはわかりにくい概念かもしれない。自我同一性という訳語もあるが，こう訳してもわかりにくいままである。

　身分証明書のことを英語では「アイデンティティカード」「アイデンティフィケーションカード」という。この省略形であるIDカードという言葉やID番号などという言い方が，最近日本でも用いられるようになった。どのIDカードでもID番号でも，自分と同じものを持っている人はいない。このカードなり番号なりを持っている人が間違いなく本人だということを証明するのがIDカードでありID番号である。

　この身分証明書であるが，自分自身でつくった身分証明書などというものはこの世の中に存在しない。どんな身分証明書でも，学校，会社，公的機関などの，自分自身ではない機関が発行するのである。当たり前のこととはいえ，考えてみればこれは奇妙である。自分が間違いなく自分である証明を自分自身ではできず，他の誰かにしてもらわなければならないのである。

　社会のなかで生活していくときには，このように，自分が誰であるかの証明を他の誰かが行う。しかし，これは楽なことでもある。一度証明をしてもらいさえすれば，あとは自分が誰かを誰からも疑われずにすむからである。

　ところで，自分自身に対しては，自分が誰であるかをどのように証明したらよいのだろうか。この証明には，他人がつくってくれた身分証明書はあまり役に立ちそうもない。「君は○○大学の学生だ」と身分証明書に書いてあっても，「そういう自分はどういう人間なんだろうか」と，われわれは考えはじめるからである。他人が何といおうと，あるいは他人が何もいってくれなくとも，自分が自分であることを自分自身で証明し納得すること。これが心理学でいうアイデンティティの確立という問題である。このような問いがひとたび自分に向けられると，これに答えるのはきわめてむずかしいことがわかるだろう。

　エリクソンは，このように自分が誰であるかを自分で知ることが重要な課題であると考え，これをアイデンティティの確立と呼んだ。しかしそれとともに，これが現代人にとってはむずかしい問題であることも指摘し，これが達成できない状態をアイデンティティの拡散と呼んだ。また，アイデンティティを確立するまでの猶予期間として人に与えられている時間をモラトリアムと呼ぶ。現代はモラトリアムの時間が比較的長いが，このモラトリアムの期間からなかなか抜け出せないまま過ごす人がいるという指摘もある。

7章

知　　能

　人間が日常の生活場面や学校でさまざまな知的とされる精神活動を行うときに，記憶や理解や創造などの能力において個人差のあることが経験的に観察される。心理学では，こうした知的行動の背景にある個体要因として**知能**（intelligence）という概念が用いられてきた。この章では，知能の理論と実際について考えてみよう。

1節　知能の意味

❶　心理学者の定義

　知能とは何であろうか。知能検査の創始者であるビネー（Binet, A., 1911）は，知能は感情，意志とは独立した**認識能力**であり，**理解，創造，方向づけ**（行動の後先のつながりを一貫して見ること・関係性の把握），**批判**の四つの機能を含むと考えた。以来，多くの心理学者が知能の定義を試みてきたが，大別すると以下のような知能観に分けられる。

　①抽象的思考能力　経験したことがらから，共通点や相違点を見出したり，シンボルや記号を用いて情報の意味を知り，知識を整理していく能力である。ターマン（Terman, L. M., 1921）の「抽象的思考を行ないうる程度に比例して，その人は知能的である」という定義，スピアマン（Spearman, C., 1927）の「関係の抽出と相関者の抽出が知能の本質である」などがこの規定

に該当する。

　②学習する能力　　経験や洞察によって，新しい行動を獲得していく能力である。ディアボーン（Dearborn, W. F.）の「知能とは学習する能力，または経験によって獲得する能力である」という説がこの規定に該当する。

　③環境に対する適応能力　　学習後の状況の変化に対応する能力（融通のきく能力）である。シュテルン（Stern, W.）の「知能とは新しい問題や状態に対する一般的な精神的適応力である」という説や，ピントナー（Pintner, R.）の「知能とは自己を新しい環境に適応させる能力である」などがこれに相当する。

　④操作的定義　　これらのほかに，フリーマン（Freeman, F. N.）の「知能とは知能検査によって測定される能力である」や，ボーリング（Boring, E. G.）の「知能検査で成功する能力」など，知能とは知能を測定する尺度によってどのようにでも規定できるとする考え方がある。こうした操作的定義の意義として，知能検査内容のリストをより完備したものへと近づける努力によって知能の本質への接近が可能である，ということが考えられる。

　以上のように，知能とは多面的概念であり，上に紹介した定義がそれぞれ知能の一面を示しているといえよう。ウェクスラー（Wechsler, D., 1958）は「知能とは，目的的に行動し，合理的に思考し，環境を効果的に処理する，個人の総合的・全体的能力である」との包括的な定義を行っている。

2　一般人の知能観

　スタンバーグ（Sternberg, R. J., 1985）は「理想的知能を持つ人といったら，どのような人を思い浮かべるか」を一般の市民500人を対象に調査した。その結果によれば，知能のすぐれた人とは次のような能力を持つ人である。

　①問題解決能力　　実際の問題場面で，ものごとを論理的に考えたり，問題を多面的に分析したり，状態を的確にとらえて行動する力である。

　②言語能力　　ものごとをはっきり話す力，文章をよく理解して読み，ものを書くことを苦にしない，などである。

③社会的有能さ　他人をよく受け入れる寛容さがあり，多様なことに興味を持っている。さらに，約束の時間をきちんと守るなどの，対人調整力も含めて社会生活をきちんと行える能力を指す。

このように，一般人の考えている知能は心理学者のそれよりも広範で日常的かつ実用的な能力を意味している。だが，社会的有能さや「機転がきく」などの日常的側面は知能検査では把握できない。最近はゴールマン (Goleman, D., 1995) のEQ（情動指数）が注目されたり，「社会的かしこさ」(木下，1984) に目を向ける心理学者も増えてきたが，一般の人々のほうが従来の知能検査ではとらえられない面が知能に潜んでいることをより早く感じ取っていたのかもしれない。

2節　知能の構造

多面的で複雑な知能はどのような構造を持っていると考えられているのか。伝統的な研究と最近の情報処理的な研究から，知能の構造に関する理論を見てみよう。

1　因子分析的アプローチ

知能はその定義のいかんにかかわらず，知能検査によって実際に測られることで定義が具体化される。精神能力を直接測ることは不可能なので，課題への解答を通じて測られた内容をうかがっていくことになる。そして，その解答結果から，あたかも物質を元素に分解するように知能を因子（要素）に分析して考えるという手法が，因子分析法による知能研究である。

(a)　スピアマンの2因子説

イギリスの**スピアマン** (Spearman, C., 1904) は，知能を，すべての知的行動に共通して働く**一般因子**（g因子）とある特殊な知的行動に関与している**特殊因子**（s因子）から構成されると主張した（図7-1）。最近はg因子は重視されなくなり，知的な領域の違いに関係するs因子を研究する多因子知能観が

I部　心理学の基礎

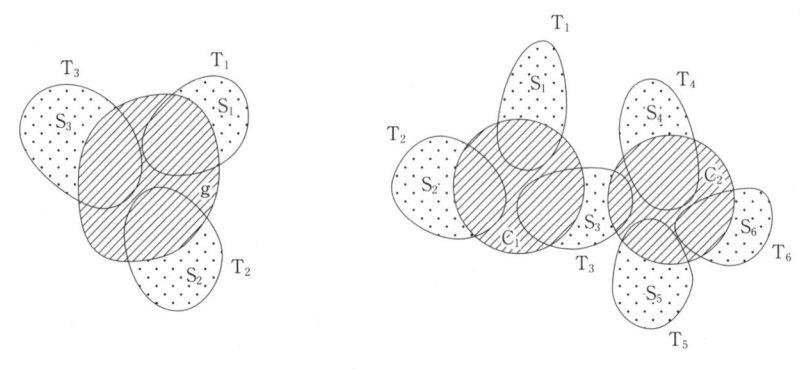

図7-1　2因子説

図7-2　多因子説

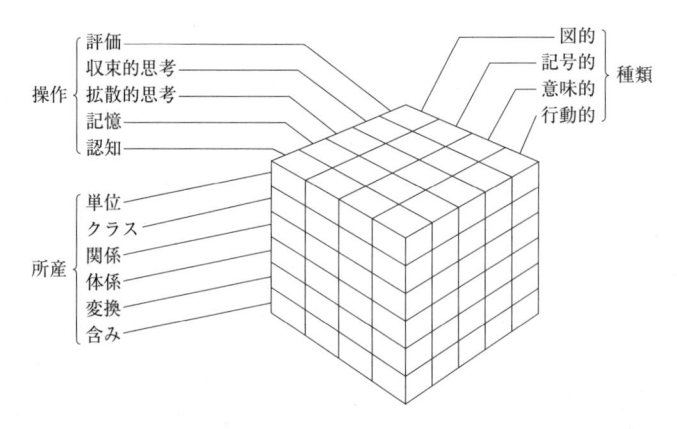

図7-3　ギルフォードの知能構造モデル（Guilford, 1959）

中心となっている。

(b)　サーストンの多因子説

アメリカの**サーストン**（Thurstone, L. L., 1938）は，知能をs因子の集合体と考え，因子分析の結果，①知覚因子，②空間因子，③数の因子，④言語理解の因子，⑤言語の流暢性の因子，⑥記憶因子，⑦推理因子，の七つの基本因子をあげている。これらの因子は独立であり，その組み合わせに応じて特定

場面における知的活動が決まってくるとされた（図7-2）。

(c) ギルフォードの知能構造モデル

アメリカの**ギルフォード**（Guilford, J. P., 1959）は，図7-3のような3次元の立方体にまとめられた知能（知性）のモデルを考えた。彼は，知能を，①内容を持った対象に，②知的な働きかけ・操作を行った結果，③所産が得られる，という過程としてとらえ，これら3次元の組み合わせから，合計120の情報処理の能力を想定したモデルを提唱した。このモデルは，既存の知能検査に含まれていない新しい知能因子を考え出す手がかりを与えており，現在までに約90の因子が確認されているという。

(d) キャテルの知能理論

スピアマンの弟子であった**キャテル**（Cattell, R. B., 1963）によれば，知能は二つの一般性因子からなるという。①新しい場面に適応する際に働く流動性因子と，②学習経験の結果が結晶してできる結晶性因子である。①は**流動性知能**とも呼ばれ，大脳の神経機構との関連が深いとされ，たとえばサーストンの空間因子がこれに相当する。②は**結晶性知能**とも呼ばれ，後天的な社会文化的要因の影響が強く，言語理解因子などがこれに相当する。

(e) ガードナーの多重知能理論

アメリカの**ガードナー**（Gardner, H., 1983）は，従来の知能検査で測定される知能は学校での学習科目に関連するものにすぎず，現実の社会では生きるための多様な能力・知能が要求されているとして，**多重知能**（multiple intelligences）**理論**を唱えた。それは，①言語的，②論理的・数学的，③空間的，④音楽的，⑤身体・運動的，⑥対人的，⑦対自的，という七つの知能である。空間的知能とは空間的な関係を的確に把握・処理する能力であり，パイロットや画家には必須である。音楽的知能は音を複雑な理論のもとに自在に紡いで美をつくりだす作曲家に多く備わっているであろう。また，対人的知能とは人間関係の調整能力であり，他人の気持ちを的確にとらえて上手に接していく能力で，前述した一般人の持つ知能観の一つ（社会的有能さ）に相当する。対自的知能とは自分の感情を知って自らをうまくコントロールする能力であ

る。これら七つは脳の神経系において機能単位の局在が明らかになっていることから，独立した知能であると考えられている。

❷ 情報処理的アプローチ

因子分析的な手法を中心とした従来の知能研究に対して，個人差の静的な布置の記述以上のことを行いえないとする批判が起こった。そして，近年，知能を構造として見るだけでなく知的行動の際の内的な過程としてとらえようとする情報処理的アプローチが導入されてきた。

(a) コンポーネント理論

スタンバーグ（Sternberg, R. J., 1977）によって提唱された**コンポーネント理論**（componential analysis）は，知能検査の項目を一つひとつ解いていく認知過程に注目し，それを細かいコンポーネント（成分）の過程に分析して，どのような道筋で解答にたどり着くのかという知的行動のメカニズムを明らかにしようとした。知能に含まれる情報処理の機能として**メタ，遂行，知識獲得**の3種類のコンポーネントをあげている。メタコンポーネントは遂行コンポーネントを準備したり実行の制御をする役割を持ち，遂行コンポーネントはメタコンポーネントの指示にしたがい行動を解発する。知識獲得コンポーネントは，メタと遂行の各コンポーネントが行ったことを学習・記憶する役割を担っている。単純に見える問題にも多くのコンポーネントが関与していることがわかってきた。

また，スノー（Snow, R. E., 1978）は情報処理過程における個人差の源として，①特定のコンポーネントの得点の差異（遂行時間など），②コンポーネントの遂行順序の差異，③処理の道筋の差異（空間的な処理か命題的な処理かなど），④個人で異なる方略の差異（並列的か系列的か，悉皆的か中途打ち切り的かなど），をあげている。

(b) 適性処理交互作用（ATI）

静かな読書から知識を求めやすい人もいれば，集団での議論・雑談のなかから知識を増していく人もいる。また，新しいことを学ぶ際に公式から学ん

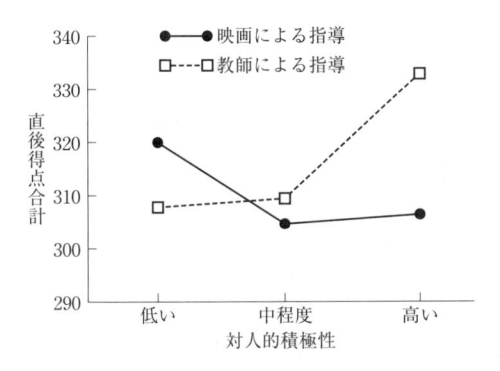

図7-4 指導法と生徒の性格との交互作用（Snow et al., 1965）

で具体的な例を後回しにするほうがよくわかる人と，具体例を積み重ねて公式を発見するほうがわかりやすいという人がいる。こうした個人の**適性**（知的能力，性格特性，価値観など）や**認知スタイル**（同じ刺激に対して，個人によってその受容や処理の仕方が異なること。たとえば場依存型－場独立型など）に合った**教示処理**（教授法）の探求が，クロンバック（Cronbach, L. J., 1957）の提唱した**適性処理交互作用**（aptitude-treatment interaction : ATI）の研究である。たとえば，図7-4は大学生の物理学の学習に際して教師による指導と映画による指導とを比べたものである。対人的積極性の高い学生は教師による指導のほうが，またそれが低い学生は映画のほうが有効であった。この種の研究でも，教授手続きと学習方略を仲介する個人内の情報処理メカニズムが心理学的に記述されることが課題である。

3節 知能の発達と測定

❶ 知能検査の歩み

知能検査には，検査者と被検査者が一対一で行う個別式知能検査と，多数の対象に同時に実施する集団式知能検査の二つの型がある。ここでは，個別式知能検査を中心にその歴史と測定の歩みを見ていこう。

(a) ビネー・シモン式知能検査

知能検査の基礎は，20世紀初頭にフランスのビネーとシモン（Simon, T.）によって築かれた。これは**ビネー・シモン式知能検査**（略してビネー式）と呼ばれ，1905年，就学レディネス（readiness）を見るためのスクリーニング・テスト（screening test）として作成された。この検査には各年齢に相当する問題が身近な材料を用いて，やさしいものから徐々に難しいものへと30項目配列されている。ある子どもがある年齢の問題を遂行してその基準に達しているか，また，どの年齢の問題まで合格するかの最高年齢を見出して**精神年齢**（mental age : MA）とみなした。

(b) スタンフォード・ビネー改定尺度

その後，ビネー・シモンの知能検査は各国に広まったが，アメリカでは**ターマン**（Terman, L. M., 1916）によってスタンフォード・ビネー改定尺度として標準化された。彼はドイツのシュテルンの考えを取り入れて**知能指数**（intelligence quotient : IQ）という指標を設けた。これは後に述べるように精神年齢と生活年齢との比によって知能程度を表すものである。日本では鈴木・ビネー式，田中・ビネー式などの知能検査がある。

(c) ウェクスラー・ベルヴュー式知能検査

1939年にアメリカの**ウェクスラー**はウェクスラー・ベルヴュー式知能検査を作成した。これには成人用（WAISまたはWAIS-R）と児童用（WISCまたはWICS-R）とがあり，現在も広く用いられている。この検査は，一般的知識や理解力を調べる**言語性知能**と視覚的分析や抽象能力を調べる**動作性知能**の二つの下位検査からなっており，個人の知的構造をより質的にとらえようとした点が特徴である。

(d) カウフマン心理教育アセスメント・バッテリー

近年アメリカで普及してきたのが，カウフマン（Kaufman, A. S.）の知能検査である。「知能検査」の名称は用いず「心理教育アセスメント・バッテリー」と呼称し，IQを廃して「標準得点」を算出している。基礎的な認知処理を要する課題と，学習の影響を受ける課題とを区別した下位検査からなっ

ている。

(e) 知能指数と知能偏差値

知能検査の結果はいろいろな指標で示される。ビネー式の検査では精神年齢（MA）で表され，ターマンは以下に示す算出法によって，知能指数（IQ）という数値で表示した。

$$知能指数（IQ） = \frac{精神年齢（MA）}{生活年齢（CA）} \times 100$$

知能指数が100ということは，年齢相応の知能であることを表し，100以上であればあるほどすぐれた知能を，また100以下になればなるほど知能の発達が遅れていることを意味する。

IQのほかには**知能偏差値**がある。これは，個人の知能がその個人が属している年齢集団の成績分布のどの辺に位置するかを，その集団平均からのずれの程度によって表すものであり，以下の式で算出する。得られた数値が50より高いか低いかで，優劣が判定される。

$$知能偏差値 = \frac{（個人の得点－集団平均得点） \times 10}{標準偏差} + 50$$

(f) IQ神話への批判

これまで見てきた知能指数や知能偏差値で表される知能検査の結果を，そのまま知的能力の測度とみなすことには批判がある。東洋（1981）は，知能検査の問題点として以下の3点をあげている。①素質論的傾向を持つこと（環境・学習・自己改造などの可能性の過小評価につながる）。②階層的・文化的な不公平さがあること（知能検査は一定の文化圏でつくられ，その文化圏で重要とされる能力や概念に拘束される。階層・文化的条件で不利な人には不公平となる）。③選別の道具に用いられやすいこと。それゆえ，われわれが知能として測っているものが何なのかをきちんと見きわめ，さらに**概念的妥当性**（検査結果が何を意味するかを理論的に位置づけられた概念や概念群によって明らかにすること）を高める必要があると提言している。

2 知能の発達と変化

　知能は年齢にともなってどのように発達していくのであろうか。また，その発達を規定する要因としての遺伝と環境とは，どの程度知能に関係するのであろうか。

(a) 知能得点の年齢的変化

　知能検査によるこれまでの調査から，18歳頃から21歳までに知能水準（たとえばIQ）は上昇してピークに達する。そして加齢とともに緩やかに下降するとされている。これは**横断的研究法**（同一の知能検査を異なる年齢層の人々に実施し，年齢ごとに成績を比較する）から得られた資料に基づいている。しかし，**縦断的研究法**（同じ人を長期間，定期的に追跡し調査する）による7年ごとの3回にわたる成人の知能測定では，同世代内の個人ではほとんど変化が見られなかったという報告もある（波多野・稲垣，1977）。とくに，言語や数・推理の側面やキャテルの結晶性知能，問題解決能力などは教育や生涯学習経験などの環境・文化的影響を強く受けるので，学習し続けることによってかなりの年齢までその機能は発達的上昇を続け，生涯維持されると見られる。さらに，加齢にともない低下するといわれる流動性知能も**練習**によって成績が上昇したという報告もある（Hofland et al., 1981）。

　こうした一般傾向とは別に個人差がかなり著しい。知能水準の高い人は低い人より遅い年齢でピークに達するといわれる。また，どの年齢にかかわらず，知的好奇心，知的意欲などの**内発的動機づけ**（5章参照）も知能や知力の発達を促進する役割を持っている。

(b) 知能の安定性と予測

　個人の知能はどのくらい安定したもので，それを予測できるのは何歳くらいからであろうか。また，その後の知能はまったく変動しないものなのだろうか。これまでの知能（あるいはIQ）の**恒常性**の研究によると，小学校のなかば（7，8歳）にならないと青年期の知能は予測できない。200人について2歳から18歳までの17年間，知能の発達を追跡研究したホーンジックら（Honzik, M. P. et al., 1948）らによると，その間のIQの変化は±10程度といわ

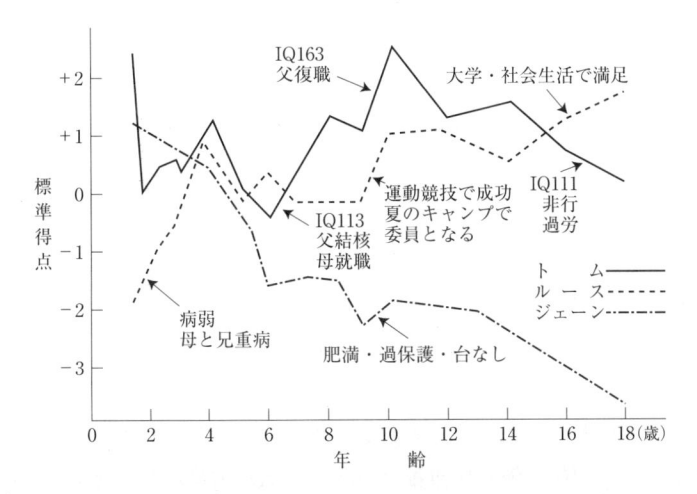

図7-5 2〜18歳までの3人の事例の知能変化 (Honzik et al., 1948)

れる。しかし，変化のなかにはかなり大きなものもあり，発達の遅滞や生活環境の複雑な影響などが変動をもたらすようである（図7-5）。このことから，知能の発達には**環境の整備**と**安定性**が貢献していることがわかる。

(c) 知能における遺伝と環境の要因

知能の個人差の程度はどのくらい遺伝によって決まるのだろうか。また，どのくらい後天的な環境や学習によるものであろうか。この遺伝と環境をめぐる問題は知能研究のなかで繰り返しとりあげられているが，いまだに未解決の難問である（6章1節参照）。

知能の遺伝を研究する方法には，**家系研究法**（ある遺伝形質が同一家系の人々にどのように伝えられていくかを調査する）と**双生児研究法**（双生児を対象にして，ある特性における遺伝と環境のかかわりを研究する）の二つがある。前者の研究からはすぐれた才能の持主の家系には類似の才能を持つ者が多いということが示されてきたが，同一の家族・血縁では環境条件も似るであろうし，また**モデリング**（modeling）などの学習も含まれるであろうから単純に遺伝によるものとは結論づけられない。

I部　心理学の基礎

　双生児研究法としては，一卵性双生児相互間の類似度と二卵性双生児相互間の類似度を比較する方法と，一卵性双生児の差の分析をする（たとえば，異なる環境で育った一卵性双生児を追跡・比較することで後天的要因の果たす役割を見る）方法がある。この方法を用いた多くの研究によれば，一卵性双生児のほうが二卵性双生児よりもIQの相関は高く，さらに一卵性の一緒に育てられた双子のあいだの相関のほうが別々に育てられた場合より高かった。ただし，環境の類似度も一卵性のほうが二卵性児に比べて高いといえる。つまり，二卵性の双子たちは一卵性に比べて心身の特徴の違いが大きいため，双方への親や周囲の人間の働きかけが違ってくる。それによって，一卵性双生児のほうが環境の類似の要因は大きく，それが結果へ混入したと考えられる。

　このように，知能の解釈は複雑であり，遺伝か環境かと単純に決められない。現在のところ，環境重視の立場からの研究が多いが，それぞれの寄与率や交互作用についての確定は今後の課題である。

4節　知能と創造性

1　創造性とは何か

　人間の知的な働きのなかには，知能とは別に**創造性**（creativity）がある。多面的で複雑な概念を持つ創造性は，天才や発明家だけでなくわれわれの日常にも深くかかわるものである。

　恩田彰（1994）によれば，「創造性とは，新しい価値あるもの，またはアイディアを創り出す能力すなわち**創造力**，およびそれを基礎づける人格特性すなわち**創造的人格**である」という。つまり，創造性は知的能力としての創造力とその基礎となる性格特性（創造的人格）からなっていると考えられる。創造力については，ギルフォードが創造性の因子としてあげたいくつかに対応する，アイディアや反応の独創性や流暢性，柔軟性，そして再構成力などの知的な働きがある。それとともに，主体性があり，強い好奇心や**達成動機**（5章参照）を持ち，権威にこだわらず，**同調行動**に関心がなく，失敗を恐れ

ず粘り強いなどの人格面が創造性を基礎づけている。

2 知能と創造性

(a) 収束的思考と拡散的思考

知能と創造性とはどのように違うのだろうか。ギルフォード（1959）は，創造性には**拡散的思考**（divergent-thinking）が重要だとしている。知能検査で測定された知的能力とは，与えられた情報から必然的な一つの解答を求めていくという**収束的思考**（convergent-thinking）であるのに対して，創造性では一つの問題から多様な解答を出すような拡散的思考が大きな役割を持つとされる。

ワラス（Wallas, G.）によると，**創造過程には次の4段階がある**という。これらは，①準備期（問題の設定と創造への欲求が生じ，必要な資料・情報を収集する），②あたため期（考えが熟して自然に出てくるのを待つ状態），③ひらめき期（突然，新しいアイディアやイメージが浮かぶ），④検証期（浮かんだアイディアを論理的に検証する），である。全体を通して，設定された問題を常に考え続ける努力とこだわりが重要である。

(b) 知能と創造性の相関

知能と創造性の関係はどうであろうか。小学校低学年では二つの関係は密接だが，加齢とともに関係は希薄となり，成人ではかなり分化するといわれる。「S-A創造性検査」を開発した恩田（1969）によれば，成人における二つの相関は $r = .22$ 程度であるという。

ターマンらの研究によれば，知能優秀児たちは理解力や記憶力にすぐれ，性格も社会的に好ましい協調的な者が多かったが，創造性優秀児たちは教えられたことをそのまま記憶するよりは，自ら未知の世界を探索したり好きなことに打ち込むので，学力テストの成績は伸びなかったり協調性に欠けることもあるという。

学校教育ではどうしても既成の情報をもとに定められた答えを出す収束的思考が訓練・評価されるが，現実社会では限られた情報から未知の内容を想

像したり，多様で生産的な答えを出したりする必要に迫られる。創造性を養うためには，こうした拡散的思考を養成することも必要であろう。

(c) 創造性をみがく

創造性という言葉から，人はとかく特別な能力のみを考えがちであるが，マズロー（Maslow, A. H.）によれば「特別な才能の創造性」と「**自己実現**（5章参照）の創造性」とに分類されるという。前者はいわゆる「天才」と呼ばれる科学者・発明家・芸術家などの社会的に新しい価値を持つと評価される創造活動であり，後者は社会的評価は別としてその個人にとって新しい価値のあるものをつくり出すという，誰でも持っている創造活動である。

伊藤進（1998）もまた創造性を「新たな問題にぶつかったときに，自分なりに対処する能力」で誰にでも備わる基本的能力としたうえで，創造活動の領域において**動機づけ**（motivation，情熱とも呼び換えうる活動の原動力），**資源**（resource，活動の実行にあたって利用可能な手段や知識），**スキル**（skill，活動を実際に実行していく技術）を強めることが創造性をみがくことにつながると提言している。

自己実現の創造性を専門的に深めることによって，特別な才能の創造性に転化していくことも不可能ではないであろう。

例題

1　ガードナーの唱える多重知能理論の七つの知能を実際に測定する方法があるだろうか。具体的な測定の方法や尺度を工夫・考案してみよう。

2　人と動物の知能はどこが違うのだろうか。具体的な経験があればそれに基づいて相違点と共通点について考えてみよう。

引用文献

阿部純一　1987　「旋律はいかに処理されるか」波多野誼余夫編『音楽と認知』（認知科学選書 12）東京大学出版会

東洋　1981　「知能テスト論」伊藤隆二ほか『知能と創造性』（講座 現代の心理学 4）小学館

Binet, A.　1911　*Les idées modernes sur les enfants.* Paris : Flammarion.

Cattell, R. B.　1963　Theory of fluid and crystallized intelligence : A critical experiment. *Journal of Educational Psychology*, **54**, 1-22.
Cronbach, L. J.　1957　The two disciplines of scientific psychology. *American Journal of Psychology*, **12**, 671-684.
Gardner, H.　1983　*Frames of mind : The theory of multiple intelligences.* New York : Basic Book.
Goleman, D.　1995　*Emotional intelligence : Why it can matter more than IQ.* New York : Bantam Books. 土屋京子訳　1996　『EQこころの知能指数』講談社
Guilford, J. P.　1959　Three faces of intellect. *American Psychologist*, **14**, 469-479.
波多野誼余夫・稲垣佳世子　1977　『知力の発達―乳幼児から老年まで―』岩波新書
Hofland, B. E., Wills, S. L. & Baltes, P. B.　1981　Fluid intelligence performance in the elderly : Intraindividual variability and conditions of assessment. *Journal of Educational Psychology*, **73**(4), 573-586.
Honzik, M. P., Macfarlane, J. W. & Allen, L.　1948　The stability of mental test performance between two and eighteen years. *Journal of Experimental Education*, **17**, 309-324.
板倉聖宣　1981　「創造性の心理学」伊藤隆二ほか『知能と創造性』（講座現代の心理学 4）小学館
伊藤進　1998　『創造力をみがくヒント』講談社現代新書
木下冨雄監修　1984　『現代かしこさ考』（別冊発達 2）ミネルヴァ書房
宮城音弥　1967　『天才』岩波新書
恩田彰　1969　『S-A創造性検査』東京心理
恩田彰　1994　『創造性教育の展開』恒星社厚生閣
Sloboda, J. A., Hermelin, B. & O'connor, N.　1985　An exceptional musical memory. *Music Perception*, **3**(2), 155-170.
Snow, R. E., Tiffin, J. & Seibert, W. F.　1965　Individual differences and instructional film effects. *Journal of Educational Psychology*, **56**(6), 315-326.
Snow, R. E.　1978　Theory and method for research on aptitude process. *Intelligence*, **2**, 225-278.
Spearman, C.　1904　General intelligence : Objectively determined and measured. *American Journal of Psychology*, **15**, 201-292.
Spearman, C.　1927　*The abilities of man : Their nature and measurement.*

New York : Macmillan.

Sternberg, R. J. 1977 *Intelligence, information processing, and analogical reasoning : The componential analysis of human abilities.* Hillsdale, N. J. : Erlbaum.

Sternberg, R. J. 1985 *Beyond IQ : A triarchic theory of human intelligence.* Cambridge ; New York : Cambridge University Press.

Terman, L. M. 1916 *The measurement of intelligence : An explanation of and a complete guide for the use of the Stanford revision and extension of the Binet–Simon intelligence scale.* Boston : Mifflin.

Terman, L. M. 1921 Intelligence and its measurement : A symposium. *Journal of Educational Psychology,* **12**, 127–133.

Thurstone, L. L. 1938 *Primary mental abilities.* (Psychometric Monograph, No. 1), Chicago : University of Chicago Press.

Wechsler, D. 1958 *The measurement and appraisal of adult intelligence,* 4th ed. Baltimore : Williams & Wilkins.

参考文献

肥田野直編　1970　『知能』（講座心理学 9）東京大学出版会

坂元昂編　1983　『思考・知能・言語』（現代基礎心理学 7）東京大学出版会

佐藤達哉　1997　『知能指数』講談社現代新書

コラム

天才とイディオ・サヴァン

　天才の本質とは「一般の人々から卓越した創造性である」（恩田, 1994）といわれるが，板倉聖宣 (1981) は「天才の頭の働きも普通の人の考え方とたいした違いがなく，ただそのときの社会条件のなかで，特殊とみえる働きをした（古い理論の枠組みに囚われない視点の転換など）だけ」という。また，宮城音弥 (1967) は，新しいものの出現（創造作用）は，①条件反応の般化 (generalization, ある刺激に対する反応が似かよった刺激に対しても起こること），②**学習の転移** (transfer of learning, 前に学んだ原則を後の場合に応用し，学習の結果を広げること），③知性の見通しと**中心転換**（ものの見方・とらえ方の角度を変えること。中心になっていたものが転換したり，突然見通しや洞察が生じる），の三つの場合に見られるという。それらを強力になしえた天才たちには，目的追求への意志力，仕事への心的エネルギーや熱情（執念）および自信が共通のパーソナリティ特徴として認められたという。

　知的障害を持つにもかかわらず，特別な領域で秀でた才能を示す人をイディオ・サヴァン (idiot-savant) という。スロボダら (Sloboda, J. A. et al., 1985) によると，驚異的な音楽能力・記憶力を持つイディオ・サヴァンについてはいままでに5例の研究報告があるが，いずれも正確な観察や測定に欠けるものであった。あらたに見出された音楽的イディオ・サヴァンの若い男性（N. P. 氏）は知能指数は60程度であったが，はじめて耳にするピアノソナタを2, 3度聞いただけで覚え，再生・演奏ができた。スロボダらは，グリークとバルトークのピアノ曲を4回ずつ聞かせてから再生を求めたところ，調性のあるグリークの作品は完璧に演奏できたが，非調性的な全音音階 (whole-tone scale) で作曲されたバルトークの作品は記憶が困難であった。つまり，N. P. 氏は音楽の音響物理特性をそのまま写し取るように記憶したのではなく，調性音楽という既知の音楽構造を持つ曲（いわば，なじみのある音楽）のみを，すでに内化している**調性の認知スキーマ**（阿部, 1987）に基づいて**情報処理**（聴取・記銘・保持・再生など）したと考えられる。N. P. 氏の長期記憶には調性音楽である多くのピアノ曲の**過剰学習** (overlearning) によって生じた非常に堅固な調性音楽の構造性が貯えられていたために，それにあてはまる音楽が高度に処理・記憶されたのであった。

8章

性　　格

1節 性格とは何か

❶ 性格を知りたい

「あなたの性格がわかる」「ずばり性格診断」といったタイトルの本を眼にすると思わず手にとってみたり，血液型から見た性格が手軽な興味本位の話題になるのは，自分や相手の性格を知りたいという要求がわれわれの基本的で強い要求だからであろう。自他の性格について知りたいという要求や素朴な疑問に応えてくれるのが性格心理学の分野である。

個人差の心理学的研究が性格の心理学的研究へと展開してきた歴史は，心理学の分野のなかでも比較的新しい。その理由の一つは，知覚や学習といったさまざまな心理機能の研究が先行し，性格心理学はそうした研究の蓄積の上に成り立っているからである。また，個々の心理機能を含めた個人の全体を総合的かつ統合的に理解するという性格心理学の課題そのもののむずかしさがもう一つの理由である。

ところで，通常われわれは具体的な対人関係で相手の反応を手がかりに自己を理解することが多い。しかし，自分のことは自分がいちばんよく知っていると思うときもあれば，逆にいちばんわからないのが自分自身であると思うときもある。それは，他者には容易に知ることのできない自己の側面と，

自分では把握のむずかしい他者から見た自己の特徴が性格の二重構造をなしていて、その矛盾を感じるからであろう。他者はまさに自己理解の鏡であるが、鏡像は虚像であり、左右が逆で実像そのままの写しではない。鏡像（他者が認知する自己像）と実像（自分が気づいている自己像）との不一致をいかに調整しながら理解するかが自己の性格理解の基本的な課題であろう。

自己を知るための手っ取り早い方法はないが、何か手がかりがあるはずである。次に、性格を知る手がかりについて考えてみよう。

2 性格を知る手がかり

(a) 外面と内面

外面からはたして内面がわかるのか？　外面と内面はどのような関係にあるのか？　われわれが性格を知ろうとするとき、具体的にはある状況で自分や相手がどのような行動をするかが手がかりになる。つまり、観察可能な外面の行動から性格を推論しようとするのであるが、同じ環境であっても人によって行動が異なる場合がある。それは人によって環境の認知のあり方が異なるからである。したがって、外面の行動を手がかりにして相手の性格を知る場合、そのような認知のあり方と行動のしくみについて知っておく必要がある。

外面の行動とは別に、その人が自分をどうとらえているか、いわばその人の内面にある自己意識も性格を知るうえで重要な要因である。観察可能な行動とは違って、自己意識について知ることはむずかしいが、自己意識はその人の性格の全体を特徴づけ、個々の行動の背景にあって重要な意味を担っていると思われるので、自他の性格はこうした内面と外面の二側面を規準枠として理解される必要がある。

われわれは特別な理論なしに、いわば自分のこれまでの経験をもとに、自分の価値判断（判断基準）を手がかりにして性格を理解している。これが性格を知る道具としての理論（暗黙の性格理論）である。料理にたとえれば、どんな食材（手がかり）も、料理する道具（性格理論）の使い方によって、料理

の味（性格の理解）も異なってくるだろう。

(b) 正確な情報

自他の性格を知るための手がかりとしての情報は正確なほうがよい。情報が正確でないと，たとえ性格を推論する道具（理論）がしっかりしていてもあいまいな理解になってしまうだろう。いわゆる性格検査として知られるさまざまな検査法は，性格を正確に知るために何らかの理論に基づいて工夫されてきたものである。ここではその多種多様な性格検査の基本的な考え方を示す（具体的な方法などについては次章の3節を参照）。

一般に性格検査法と呼ばれるものも基本的には心理学的測定法であり，ある種のフィルターを通してノイズを除去した（測定したいもの以外を除去した）情報を得る方法である。したがって，性格検査法も他の測定法と同様に，測定および操作の客観性（標準化），測定の精度（信頼性）や目的にあった測定がなされているかどうかの合目性（妥当性）などの条件を備えていることが必要である。性格検査はその基礎となっている性格理論と密接な関係にあるが，性格検査として広く用いられている方法は，次節で述べる性格理論の特性論に基づく質問紙法であり，その多くが因子分析法によって抽出された因子を基本的性格特性とみなしている。つまり，尺度を構成する項目群への検査結果から性格特性を推定するのである。

3 性格の定義

心理学では個人差の要因として性格が研究されてきたように，性格はいわば個性や個人差の総体的な現れである。

性格を表す用語にはcharacterとpersonalityがある。characterは性格と訳され，もともとの意味は刻むことである。年輪のように顔に刻み込まれたしわ，人となりをかたちづくる彫刻を連想してみればよい。personalityはそのままパーソナリティとするかあるいは人格と訳され，語源はペルソナ（仮面）である。仮面劇のように，人生のドラマにおける役割を意味する。日本語の人格は人格者という言い方があるように価値観を含んだ言葉であるが，

もともとのpersonalityにはそうした価値観は含まれていない。二つの用語には微妙な違いがあり，性格と知能をあわせて人格とする立場もあるが，心理学では性格と人格をほぼ同じような意味で用いている。

　性格に類似した概念として，身体の基本的特徴を表す体質やそれに基づく気質という概念があり，それが性格の基礎をなしているという理由で広義の性格の基礎に含める考え方もある。また，生理的な一般特徴を共通の基礎とするのと同じように，社会的側面を強調して，社会的役割や社会的自己が性格そのものであるとする考え方もある。身体，心理，社会という3側面のどの側面を強調するかによって性格の考え方は異なる。比較的標準的な考え方として，**オルポート**（Allport, G. W., 1961）はパーソナリティを「特定個人の内部にあって，その環境に対するその人固有の適応を決定するような精神身体的システムをもつ力動的構成体である」と定義している。

2節　性格の理論

❶　類型論（タイプ論）

　人々を典型例が示す類型（type）によって説明，理解する理論的立場である。共通の特徴によって対象を分類するというわれわれの分類思考法に沿った考え方で，古くからある方法であるが，最近では全体としてはあまり使われなくなっている。理解が容易であるが誤解も生じやすく，分類しただけで理解できたと思ってしまう危険性もある。また，分類困難な場合にどうするか，典型例だけで理解するのはおおざっぱすぎるという問題がないわけではない。**類型論**は典型を通して本質を理解することが重要であり，タイプ分けや分類することはそのための作業にすぎない。

　代表的な類型論としては，**クレッチマー**（Kretschmer, E., 1922）の類型論がある。クレッチマーは二大精神病である躁うつ病と分裂病の両疾患と体格との関連性を認め，それを一般の性格特徴へと拡張した。つまり，「躁うつ病－肥満型－循環気質（躁うつ気質）」「分裂病－細長型－分裂気質」というよ

8章 性　　格

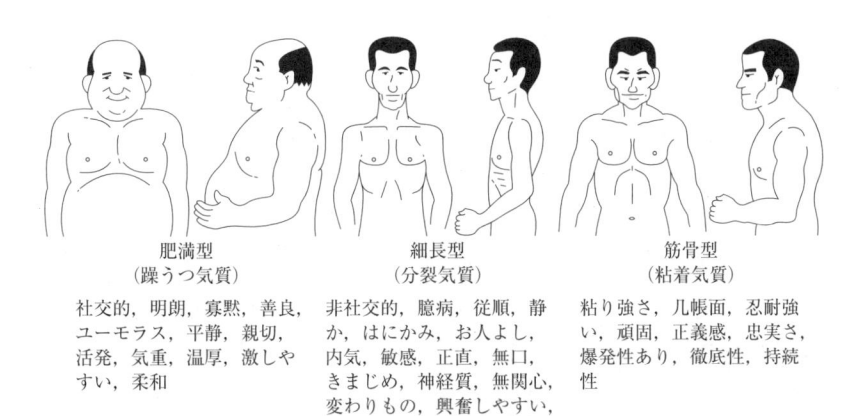

肥満型 (躁うつ気質)	細長型 (分裂気質)	筋骨型 (粘着気質)
社交的，明朗，寡黙，善良，ユーモラス，平静，親切，活発，気重，温厚，激しやすい，柔和	非社交的，臆病，従順，静か，はにかみ，お人よし，内気，敏感，正直，無口，きまじめ，神経質，無関心，変わりもの，興奮しやすい，鈍感，自然や書物に親しむ	粘り強さ，几帳面，忍耐強い，頑固，正義感，忠実さ，爆発性あり，徹底性，持続性

図8-1　クレッチマーの体型と気質の関係（藤永・柏木，1999）

うに，「精神病－体格－基本気質（性格特徴）」という関連で気質類型を提唱した。後に，てんかんとの親和性から，「てんかん－闘士型（筋骨型）－てんかん気質（粘着気質）」を加えて，三大気質類型を提唱し，気質類型といえばクレッチマーを指すほど有名になったが，てんかん気質は前二者ほど明確に整理されていない（図8-1）。

　同様に体格と性格の関連を研究したシェルドン（Sheldon, W. H., 1942）は正常な人を対象としてクレッチマーの類型ときわめて関連性の高い三類型を見出した。対象も方法も異なる二つの研究結果がきわめて類似した類型を示したことは興味深い。

　ユング（Jung, C. G., 1921）は一般的態度としてその人の関心が内面（自己の内界）に向かうか，外面（自己の外の世界）に向かうかによって性格を内向型と外向型に分類した。さらに，ユングは四つの心理機能（感覚，直観，思考，感情）のいずれが各人に優位であるかによって，向性と心理機能の組み合わせによる八つの類型を提唱している（河合，1967）。

❷ 特 性 論

個人が一貫して示す行動特徴を性格の特性（trait）とみなし，個別的特性や多くの人に共通で相対的な量が異なる共通的特性から個人の性格を理解するのが**特性論**の考え方である。

オルポートは**個人特性**（individual trait）と**共通特性**（common trait）を区別し，後に前者は個人的傾性（personal disposition）として，共通特性のみに特性という言葉を限定して用いている。オルポートは，共通特性をさらに表出的特性と**態度特性**に分け，心理生物学的要因として身体，知能，気質の3側面を加えて，共通的な評定項目から近似的に性格をとらえる**心誌**（pychograph）という方法を提案している（図8-2）。

個人の特徴（特性）を列挙して，その人の性格を理解するこのような考え方はきわめて常識的な考え方であるが，日本語では約5600語もある性格特性用語を過不足なく用いて性格を記述することはきわめて困難である。そこで，**因子分析**の手法を用いて共通する特性を抽出することが考えられた（キャテル〔Cattell, R. B., 1946〕）。また，**アイゼンク**（Eysenck, H. J., 1947）は特性を含めて四つの階層（類型，特性，習慣的反応，特殊的反応）から性格の構造をとらえている。最近では **Big 5** と呼ばれる5因子（情緒不安定，外向性，経験への開放，協調性，勤勉性）が最も有力な共通特性と考えられている。

このように立場は異なるが，因子分析による因子（共通特性）と類型論の類型にはかなり共通性があることがわかってきている。ただし，類型論と特性論にはそれぞれ長短があり，類型論は理解しやすい面を持つが，各個人の細かい特徴や程度の差が見失われがちで，中間型や混合型を想定する必要が出てくる。一方，特性論は細分化・差別化はされるが，並列的であるために，個人の全体像を直観的に把握することがむずかしく，表層的で性格の核心に迫りきれないきらいがある。

❸ 力 動 論

類型論と特性論は行動や意識化された側面が手がかりであり，厳密さを求

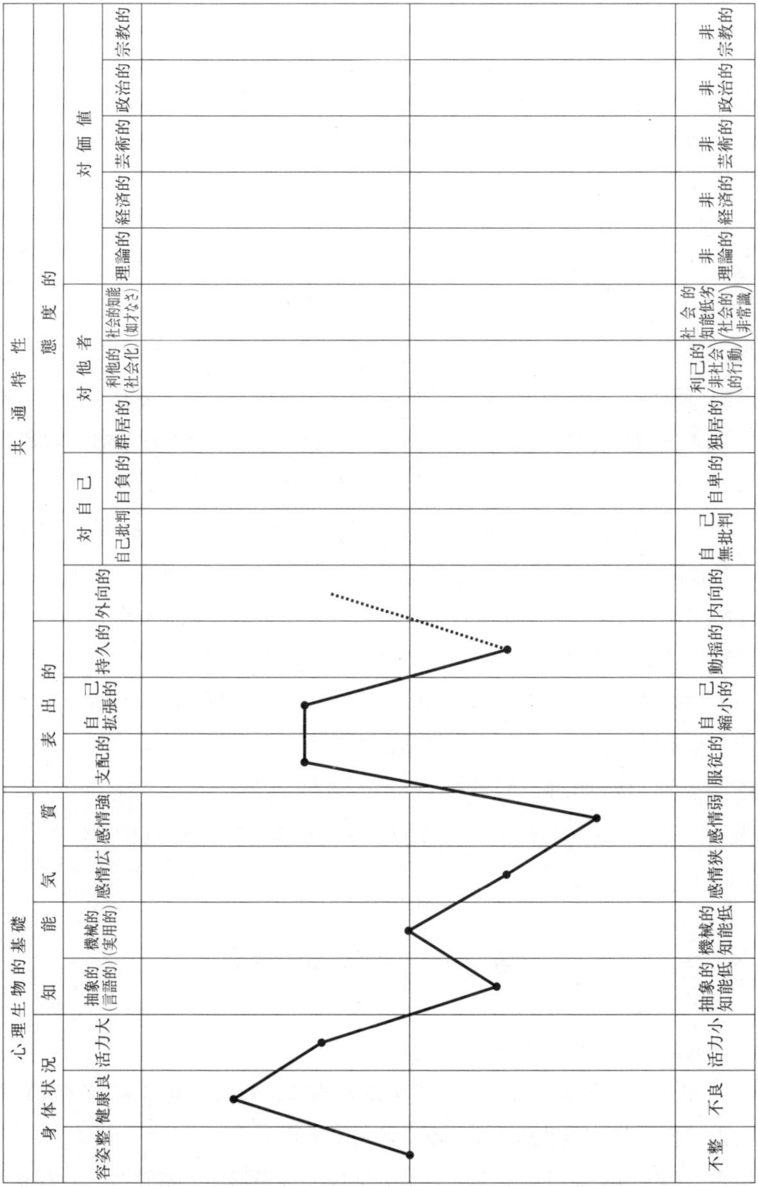

8章 性　格

心理生物的基礎				共通特性				
身体状況	知能	気質	質	表出的	態度的			
					対自己	対他者	対価値	
容姿整 健康良 活力大	抽象的(言語的)	機械的(実用的)	感情広 感情強	支配的 自己拡張的 持久的外向的	自己批判 自負的 群居的	利他的(社会化)	社会的知能(如才なさ)	理論的 経済的 芸術的 政治的 宗教的
不整 不良 活力小	抽象的知能低	機械的知能低	感情狭 感情弱	服従的 自己縮小的動揺的内向的	自己無批判 自卑的独居的	利己的(非社会的行動)	社会的知能低劣(社会的非常識)	非理論的 非経済的 非芸術的 非政治的 非宗教的

図 8−2 心誌による表現の例（藤永，1991）

めるとどうしても表層的で静的な性格理論になる。それに対して，行動の動機や状況によって変化するダイナミックな側面や環境への働きかけ（適応的側面）も含めて，動機や内面の力学まで含めてとらえようとするのが性格の力動論である。その代表的な考え方は**フロイト**（Freud, S.）の**精神分析学**による性格理論である。

われわれの心の深層，無意識の働きを強調したフロイトの精神分析学のなかでも性格理論と関連するのは，心の構造論すなわち構成概念としての心的装置（自我，超自我，エス）であろう。**エス**（Es）から派生した**自我**（ego）は，**快感原則**にしたがって働くエスの欲動（本能的欲求の即時的満足）を調整して，**現実原則**に沿って外界の現実に適合したかたちで欲求を満足させようとする。また，親の養育の過程で獲得された内的な規範（良心や理想）である**超自我**（superego）の要請にも自我は応えなければならない。自我は外界を適切に認知し，エス（〜したい）と超自我（〜ねばならない，〜ありたい）の要請を調停しながら具体的な行動を実行する。われわれの行動はこの三者の力動的な関係から理解することが可能であり，いずれかの心的装置の機能が肥大した場合には特有の性格特徴が示される。

また，フロイトは**リビドー**（libido：性愛エネルギー）の発達論から，リビドーが固着する段階によって特有の性格が形成されると考えている。リビドーは発達とともに体制化されていくが，その過程でのつまずきによってリビドーが固着する身体部位に優位な性格が形成されるのである（口唇期性格，肛門期性格など）。

3節　性格の変化と一貫性

1　性格の変化（形成と変容）

性格の変化は，大別すると性格の形成過程における変化（発達的変化）と，適応上の変容（適応的変化）に分けることができる。

性格がどのように形成されるかについては，性格形成の基礎としての遺伝

的要因，それに基づく幼い頃からの気質の個人差，さらに環境としての家族形態や親の養育態度とそれに影響を与える社会的・文化的要因，社会が認める価値への性格の傾性，日本人の性格といったようなおおまかな文化的規定など，多くの要因が関与している。

　また，性格形成は個人の全体的発達の問題であり，広義の形成と崩壊が性格の変化に含められる。性格形成の中心となる機能（自我や自己）によってその特徴をとらえることもできるが，人格の成熟や老年期の人格の崩壊などライフサイクルを視野に入れて考える必要がある。

　さらに，性格の適応的変化あるいは不適応の修正（再適応）という意味では，性格の変容（臨床的変化）も性格の変化の重要な側面である（次章の臨床心理を参照）。

❷　性格の一貫性と安定性

　性格を考えるうえでの暗黙の前提として，人の行動は状況に応じて多様に変わるが，にもかかわらず一貫した特徴があることが想定されている。そうでなければ具体的な手がかりから性格を類推することはできないだろう。それは測定でいえば，データの安定性ということである。また，性格の一貫性という前提が未知の状況での行動の予測を可能にしている。アイデンティティはこのような性格の一貫性を示すものの一つである（6章のコラムを参照）。しかし，はたして性格は変わらないものだろうか？　あるいは，どの程度一貫性と安定性を持っているのであろうか？

　非日常的場面や緊急事態にはじめてその人の本当の性格（本性）がわかるということはよく経験することだが，それは日常生活では仮面をかぶっているということだろうか。もしそうなら，本当の性格はどうしたら見分けることができるのだろうか。よく「あの人は二重人格だ」（章末のコラムを参照）といったりするが，本音や建て前，表と裏といった性格の二面性が性格の基本的特徴なのだろうか。だとすると，どちらが本当の性格か？

　状況による違いと一貫性，個人内での安定性と可変性，変わりやすいとこ

ろとそうでないところ，表層と深層などなど，性格の一貫性と安定性については暗黙の前提を崩すような矛盾が含まれているように思われる。

また，性格は構成概念であり，ファッション・モードのように変わるものだという主張（モード性格論）もある（佐藤，1998）。一人称的性格，二人称的性格，三人称的性格といったように性格は状況によって変化するものであり，一貫した性格を前提とすることに問題がある（人称性格論）とするなら，性格の一貫性やそれを前提とする理論がそもそも有効かどうかが基本的に問われなければならないだろう。それは，新しい性格観に向けて，基本的な問いかけと議論が必要とされていることを意味している。

例題

1 自己評価（自分から見た自己像）と他者評価（他者から見た自己像）の特性項目を比較し，その不一致を性格の二面性から考察してみよう。
2 オルポートの心誌を用いて，自分の性格について記述してみよう。そして，日常の自分の行動にそれがどのように反映されているかを考えてみよう。

引用文献

Allport, G. W. 1937 *Personality : A psychological interpretation.* New York : Holt.

Allport, G. W. 1961 *Pattern and growth in personality.* New York : Holt, Rinehart & Winston. 今田恵監訳 1968 『人格心理学』（上・下）誠信書房

American Psychiatric Association 編　高橋三郎・大野裕・染矢俊幸訳　1995 『DSM-IV 精神疾患の分類と診断の手引』医学書院

Cattell, R. B. 1946 *Description and measurement of personality.* Yonkers, New York : World Book.

Eysenck, H. J. 1947 *Dimensions of personality.* London : Routledge & Kegan Paul.

藤永保　1991　『思想と人格—人格心理学への途—』筑摩書房

藤永保・柏木惠子　1999　『エッセンシャル心理学—30章で学ぶこころの世界—』ミネルヴァ書房

Jung, C. G. 1921 *Psychologische Typen.* Zurich : Rascher.

河合隼雄 1967 『ユング心理学入門』培風館

Kretschmer, E. 1922 *Körperbau und Charakter : Untersuchungen zum Konstitutionsproblem und zur Lehre von den Temperamenten.* Berlin : Springer. 相場均訳 1960 『体格と性格—体質の問題および気質の学説によせる研究—』文光堂

佐藤達哉 1998 「性格は固定的で安定的なものか？―研究の最新動向―」詫摩武俊編集『性格』（こころの科学セレクション）日本評論社，pp. 159-175.

Sheldon, W. H. 1942 *The varieties of temperament : A psychology of constitutional differences.* New York : Harper & Bros.

鈴木乙史 1998 『性格形成と変化の心理学』ブレーン出版

詫摩武俊編著 1967 『性格の理論』誠信書房

戸川行男ほか編 1961 『性格の理論』（性格心理学講座 1）金子書房

和田秀樹 1998 『多重人格』（講談社現代新書）講談社

参考文献

『性格心理学新講座』全 6 巻 1989-1990 金子書房

清水弘司 1998 『はじめてふれる性格心理学』（ライブラリ 心の世界を学ぶ 3）サイエンス社

詫摩武俊ほか 1990 『性格心理学への招待―自分を知り他者を理解するために―』（新心理学ライブラリ 9）サイエンス社

詫摩武俊監修 1998 『性格心理学ハンドブック』福村出版

コラム

二重人格と多重人格

　二重人格は『ジキル博士とハイド氏』などの文学作品の題材としてこれまでにも多くとりあげられ，われわれを強くひきつける現象であるが，日常われわれが人格の二面性について「二重人格だ」というのとは違って，一人の個人内に明らかに異なる二つの人格が存在することを意味する。同じように，多重人格も単に人間の多面性を表すものではない。多重人格は，たとえば『24人のビリー・ミリガン』に示されるように，相互に関連のない人格あるいは人格状態が同時に同一個人内に存在することであり，人格相互の解離性（記憶の障害としての健忘）がその特徴である。

　二重人格はもともと神経症の一つであるヒステリーの症状として注目され，意識化することが不快な考えや願望が心の無意識層に抑圧された結果として生じると考えられ，善と悪のように明確に対立する価値観を反映した二つの人格が現れるのが特徴である。それに対して，最近注目されるようになった多重人格では，明確に対立する人格だけでなく，まだ人格と呼べるほど確立していない人格状態のようなものが多数存在することが特徴である（多重人格の症例では，平均するとおよそ13の人格あるいは人格状態が存在するといわれる）。

　多重人格の原因としては児童虐待（性的あるいは身体的暴力）といった過去の外傷体験が想定され，忘れてしまいたい忌まわしい体験を解離させる（忘却する）ことによって自己を保護するメカニズムが働いていると考えられている。多重人格では何らかの外傷体験があることが重要な要因と考えられているため，心的外傷後ストレス障害（PTSD）との関連も指摘されているが，DSM-IV（アメリカ精神医学会編『DSM-IV精神疾患の分類と診断の手引』）では解離性同一性障害と診断されている。つまり，多重人格では，多数の人格が存在することよりも人格の同一性を保てないアイデンティティの障害であることが強調されている。

　多重人格の症例報告は，おもにアメリカやカナダの北米圏で突出しており，社会的文化的な背景因も指摘されている。日本ではそれほど多くの症例報告があるわけではないが，多重人格は，われわれの性格を理解するうえで重要な手がかりを与えてくれる，きわめて興味深い現象である。

II部

応用心理学

II

9章

臨床心理学

1節　臨床心理学とは何か

　最近カウンセラーを目指す人が増えている。臨床心理学（clinical psychology）といえばカウンセラーというように，心理学の一つの分野が特定の職業と結びついて連想されることなどかつてなかったのではないだろうか。実践学としての臨床心理学が，「心の時代」という思潮の影響を受けて，社会的要請に応えることを強く求められているからであろう。そこで，カウンセラーの仕事を手がかりに，臨床心理学とは何かを考えてみよう。

　カウンセラーは何らかの理由によって不適応状態にある人に対して，相談を受けながら，その人自身が自助努力によって回復あるいは問題解決ができるように援助することを仕事としている。村瀬孝雄（1987）は，臨床心理学を「心の働きが円滑に行かなくなり，何らかの病的な，あるいは不適応な状態に陥った人々に対し，広い意味での心理学の知識と技術を用いて行う体系的な専門的援助の学である」と述べている。

　臨床心理学は，実践学（技術の学）の色彩が濃い応用心理学の一分野である。これまでの歴史を振り返ってみても，臨床心理学は，実際的な社会的要請に応えるかたちで成立してきた若い学問である（たとえば，さまざまな心理テストの開発とその適用など）。しかし，実践や実際的な問題が重要であるからと

いって，そうした側面だけで臨床心理学が成り立っているわけではない。心理学の他の分野の理論や知識を基礎としながら，臨床心理学固有の知識の集積や理論化をはかることが臨床心理学の学問的課題である。

また，臨床心理学は一個人の全体と実際的な問題を取り扱うため，人間に関するすべての学問が近接領域であるといえる。とりわけ，精神医学との関連は深く，精神病理について心理学的に研究する「**異常心理学**（abnormal psychology）」は，心理学と精神医学の境界的な領域である。カウンセラーは基礎的な心理学的知識に基づきながら幅広い視野を持つことが臨床的実践のうえで必要であるが，それはとりもなおさず臨床心理学そのものの学際性を反映しているといえる。

次に，臨床心理学の実践的な側面における2本の柱と考えられる，アセスメント（評価，査定）とサイコセラピー（心理療法）について述べる。

2節　アセスメント

1 アセスメントとは何か

アセスメント（assessment）の意味は「（能力，性質などについての）価値判断，評価，査定」であり，臨床心理学的なアセスメントというのは，「有効な決定を下す際に必要な，患者についての客観的な心理学的理解を臨床家が手に入れる一連の過程をさす」（村瀬，1987）。具体的には，クライエント（client：相談者，来談者）の性格構造（自我の強さなど），性格の力動性（葛藤など），適応能力や自己統制力などの査定であり，臨床的な意思決定に役立つ情報の収集，情報の整理と統合，およびそれに基づいてつくられる所見の提示を指す。実際上は，面接と心理検査の実施，これら以外の行動観察と間接情報の収集などである。クライエントの全体像を知り，多面的に理解するためには，主訴に関連する問題歴や生育史，家族構成やクライエントをとりまく人たちの状況についてなど，さまざまな情報の収集が必要であるが，それに加えてクライエントの性格や発達程度について，客観的情報を意図的に収集するアセス

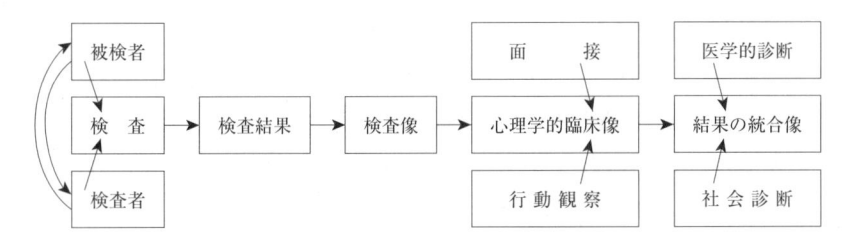

図9-1 検査結果の統合的解釈の過程（大山，1981）

メントが必要になる。

　アセスメントの目的としては，①精神医学的診断に必要な所見の提供（病院臨床における心理検査の実施など），②心理療法的な援助をはじめるに際して有効な情報の提供（インテイク時の査定など），③行動の予測，④治療効果の判定（治療経過の判定や治療法の効果の検討など），が考えられる。いうまでもなく，多くの心理検査を組み合わせれば理解が深まるかというと，必ずしもそうではない。いかなる検査もクライエントにとっては侵襲的であるので，その選択には注意が必要であり，知りたい情報に最も適した手段で最少のものが選択されるべきである。また，いかなる心理検査にも限界があり，**ブラインド・アナリシス**（blind analysis）や適切性を欠いた過剰解釈は慎むべきであろう。

　ところで，アセスメントの過程（大山，1981）は最終的に心理診断の総合的作業に帰着するが，多くの場合は心理検査の実施とその結果の報告で終わっている（図9-1）。しかし，症状，問題歴，行動観察などからクライエントを多面的に把握するためには，アセスメント全体の流れのなかに個々の心理検査が適切に位置づけられていなければならない。また，医学的診断との違いや検査結果のフィードバックの必要性についても心得ておくべきである。さらに，心理検査もクライエントにとっては表現手段の一つであり，心理検査を媒介としてクライエントとの交流が検査場面で展開されることを考えると，心理検査やアセスメントとしての面接と心理療法は必ずしも明確に区別されるわけではなく，とくにインテイク時における心理検査ではそのことを十分に認識しておく必要がある。

2 心理検査による心理測定

　心理検査も広義の心理測定の一つであるが，検査状況や文脈によって検査結果が左右されることがある。とくに臨床的なアセスメントは物理的な測定とは異なり，関係性に左右される測定であるので（検査者-被検査者関係という場における査定），状況支配性が強いといえる。一方で臨床的関係の成立と維持に努めながら，他方では主観に偏らない情報を抽出することはかなりむずかしく，相応の経験と熟練を要する。そのためには，専門の知識だけでなく，習熟のための訓練が不可欠である。また，結果の解釈に混入する主観性や検査の熟練度の問題は，単にアセスメントの問題にとどまらず，測定における主観と客観の根本的な問題（臨床心理学の方法論としての科学性の課題）を内包している。

　一般に，測定の精度や客観性を高めるには条件を限定しなければならない。しかし，一方で検査の信頼性，妥当性，尺度化や標準化といった一定の客観性を求めながら，他方では多面的で重層的な人間理解のために，主観に偏らない検査結果の臨床的解釈が有効であることも否定できない。したがって，アセスメントにおける心理測定の問題は，臨床場面におけるアセスメントにおいてそのつど問われている課題であるという認識が必要であろう。

　ところで，アセスメントは研究方法の一つでもあり，心理療法の効果や評価のためのアセスメントという側面がある。また，スクリーニングとして心理検査が行われる場合は，個別的な臨床的応用とは異なるが，これも広い意味でのアセスメントに加えることができる。さらに，アセスメントの技能の習得は臨床家の訓練としても必須のものであり，臨床家を志す者は自己の対象化や客観化，臨床場面での交流や情報の伝達など，基本的なことをアセスメントの実践から学ぶことができる。

3 心理検査の種類と特性

　心理検査を測定する内容から分類すると，性格検査（personality test），知能検査（intelligence test，7章の3節を参照），発達検査（development test）のほ

か，各種の心理機能検査に分類される。臨床場面で多用される性格検査を検査形式から大別すると，**投影法**（projective technique），**質問紙法**（questionnaire method），**作業検査法**（performance test）に分類される。以下にその特徴について簡潔に述べるが，くわしい検査法の内容については，検査マニュアルや手引書などを参照していただきたい。

　投影法はあいまいな刺激を提示し，それを意味づけるあり方から性格の特質を推定する方法を総称するものである。とくに，その人が日頃意識していない側面までを含めて，性格の全体的特徴を抽出できる方法として，臨床場面では必須の方法といってよい。ロールシャッハ法（Rorschach technique）が多用されるが，そのほかにもTAT（thematic apperception test）や文章完成法（sentence completion test：SCT），P-Fスタディ（Rosenzweig picture-frustration study）などが用いられる。

　質問紙法はいくつかの質問項目に三件法（はい，いいえ，どちらでもない）などで回答させ，一定の処理方式にしたがって結果を処理して性格特性の分析や性格の診断に役立てる方法である。MMPI（Minnesota multiphasic personality inventory）やYG検査（Yatabe-Guilford personality inventory）など，多種多様な検査法がこれまでに膨大な量にわたって考案され実施されている。

　作業検査法は具体的な作業を課して，その作業結果から性格の特徴を推定する方法であり，加算作業を課す内田・クレペリン検査がよく用いられている。また，作業検査とは異なるが，描画法は描くという行為によって得られた描画から性格を投影法的に推定するものであり，バウム・テスト（Baum test），HTP法（hause-tree-person test），風景構成法（landscape montage technique）など多種の方法がある。施行が簡便であるため臨床場面で多用されるが，解釈はかなりむずかしく，経験が必要とされる。

　実際の臨床場面では単一の心理検査でアセスメントすることは少なく，いくつかの検査を組み合わせて**テスト・バッテリー**（test-battery）として施行されることが多い。その場合，質問紙法と投影法の組み合わせが標準的であるが，これを測定水準から見ると，質問紙法は性格の意識的な側面を測定し，

投影法は意識されない部分（無意識層）を含む測定に適しているといえる。また，方法の特殊性から見ると，質問紙法は客観的処理が可能であり，標準化されているものが多いので，集団内の位置を知ることができる。また，質問紙法が表面的であるのに対して，投影法は結果の解釈にかなり熟練を要する方法で，主観による解釈の歪みが混入する危険性はあるが，個人の独自なあり方を把握することが可能である。したがって，両者の併用によるテスト・バッテリーは両者の長所と短所を補完しあうかたちになるので，多面的な性格理解のための安全で標準的な施行となっている。

3節　サイコセラピー

❶　心理療法とカウンセリング

　サイコセラピー（psychotherapy）は，心理学的な手法を用いた治療法の総称である。心理療法や心理治療と訳されるが，精神医学の分野では身体療法との対比から精神療法と称している。精神医学がおもに病者を対象としているのに対して，臨床心理学は必ずしも病者のみを対象とするのではない。また，よく用いられるカウンセリング（counseling）という用語は，相談活動一般を総称したものであり，教育相談や職業相談などの幅広い相談活動を含むが，相談内容が心の悩みである心理相談におけるカウンセリングは心理療法とほぼ同義といってよい。

　心理療法の具体的な技法やその基礎となる治療理論はさまざまであり，心理療法を明確に定義することはむずかしい。河合隼雄（1992）は，「心理療法とは，悩みや問題の解決のために来談した人に対して，専門的な訓練を受けた者が，主として心理的な接近法によって，可能な限り来談者の全存在に対する配慮をもちつつ，来談者が人生の過程を発見的に歩むのを援助することである」と定義している。

❷ 心理療法の理論と技法

いうまでもなく，治療理論と治療技法は不可分の関係にある。治療技法は治療理論の具体的な処方のあり方を示しており，技法の実施上の諸問題が治療理論の再構築をうながすことになる。以下に示すのはさまざまな治療理論のなかでも，現在の臨床心理学で優勢を占める理論である。また，これらの理論から多くの新たな理論や技法が派生しているが，くわしくはより専門的なテキストを参照していただきたい（章末の参考文献を参照）。

(a) 精神分析学

精神分析学（psychoanalysis）は**フロイト**（Freud, S.）が創始した治療理論であるが，単なる治療理論にとどまらず，無意識を仮定したフロイトの力動的心理学は20世紀の思潮に大きな影響を与えた。精神分析学は，局所論（意識，前意識，無意識からなる心の3層構造），構造論（自我，超自我，エスといった心的装置），経済論（リビドー，心的エネルギー），発達論（リビドーの体制化と固着，エディプス・コンプレックス）などの点から特徴づけられる。精神分析における正統な治療技法は自由連想法（free association）である。また，心理療法として重要な概念は**転移**（transference）と**逆転移**（counter transference）であろう。

転移とは，生育史の過程で重要な対象（おもに両親）とのあいだに形成された対人関係のパターンが治療関係において再現されることであり，その解釈が治療の眼目であるが，被分析者の転移にともなって分析者の側からの転移（これを逆転移という）も起こる。したがって，分析者は自己の逆転移について十分に自覚しておく必要があり，そのための訓練が**教育分析**（training analysis）である。

(b) 来談者中心療法（非指示的心理療法）

ロジャーズ（Rogers, C.）の提唱する**来談者中心療法**（client-centered therapy）は，個人の自発性や自己実現傾向をそこなうことなく，来談者（患者ではなくクライエントと称した）が持っている潜在的な成長力を尊重し，「いまここで」の来談者の体験を重視する治療理論である。心理療法として重要な概念は，ロジャーズが提唱する治療者の態度であり，それが「無条件の積極的関心

（unconditional positive regard）」（受容的態度），「共感的理解（empathic understanding）」，「純粋性（genuineness）」である。無条件の積極的関心とは，予見を持たないでいかなることにも積極的な関心を示すという態度である。共感的理解とは相手の身になって感じ，相手の立場になって理解に努めることである。純粋性とは，治療者が自己の内部に生起することがらを取捨選択しないでそのままとりあげる率直な「あるがまま」の態度である。いずれも実際に実行することはかなりむずかしい理想的態度であるが，治療者の態度によってクライエントが自発的に変容していくための基本的態度を示している。技法としては，クライエントの言葉をそのまま返す「反射（reflection）」と治療者の理解が相手の理解に沿っているかを確認する「明確化（clarification）」が基本となる。

(c) 行動療法

行動療法（behavior therapy）は学習理論に基づく治療技法を総称したものであり，**オペラント条件づけ**（operant conditioning）を中心とするが（正強化，消去，嫌悪条件づけ，弁別訓練），ウォルピ（Wolpe, J.）の筋肉弛緩と不安階層表を用いた**系統的脱感作法**（systematic desensitization）など，ほかのさまざまな技法が含まれる（3章のコラムと11章を参照）。

学習理論に基づく方法であるから，基本的には刺激と行動との関係を吟味することが重要であり，治療を開始する前の**行動分析**（behavior analysis）が重視され，治療目標と治療過程が明確に区別されていることが特徴である。治療結果の評価も厳密に行い，治療を試行しない状態（ベースライン）からの変化で治療効果を評価する。心理療法のなかで最も科学的な技法であるとされているが，比較対照群の厳密さや，日常生活場面との連続性（般化の問題），強化子の社会性など，検討すべき課題もある。現在では，学習理論の関心が行動から認知機能へと移行するにつれて，認知療法（cognitive therapy）や認知行動療法（cognitive behavior therapy）へと展開している。

(d) 森田療法と内観療法

多くの治療理論が外国からのものであるのに対して，ここで述べる二つの

技法は日本独自のものである。

　森田正馬が創始した**森田療法**は，神経質（森田神経質：ヒポコンドリーを基調とする神経症）を対象とし，症状を「あるがまま」に受け入れ（煩悩即解脱），やるべきことを目的本位・行動本位に行わせる療法で，絶対臥褥から作業，生活訓練へと段階的に移行する。

　内観療法は吉本伊信が開発した自己探求法であり，自己啓発のみならず，心理療法としての機能を有している。内観とは，具体的には，重要な人物との関係を，①お世話になったこと，②して返したこと，③迷惑かけたこと，の3点にしぼって，過去から現在へと具体的に調べ，内省することである。

3　心理療法の構造と過程

(a) 治療構造

　どんな心理療法も治療関係が治療を進めていくうえで重要な要因であることに変わりない。そして，治療関係を規定するのが治療構造である。つまり治療構造の特殊性のなかで治療関係が展開されるわけである。そして，治療構造は外面的構造と内面的構造に大別される。

　外面的構造の一つは，治療場面の環境的，空間的構造である。たとえば，治療室が建物のどこに位置するか，その大きさや機密性（秘密の保持やプライバシーの保護），面接の位置関係（対面法の角度）などがそれにあたる。そのほか，面接時間や面接回数，料金なども外面的構造にかかわる要因である。外面的構造は治療関係を規定するだけでなく，治療関係の変化をチェックする場合にも役立つ。

　内面的構造とは治療契約（どんな技法で何を目標に治療するかなどの取り決め）や面接のルール（守秘義務など），治療を進めるうえでの必要な取り決め，約束ごとを含む（図9-2）。

(b) 治療過程

　治療過程は個別的で実際には厳密な意味で同じ過程はないともいえるが，多くの場合に共通するプロセスが存在することも事実である。大きく分けて，

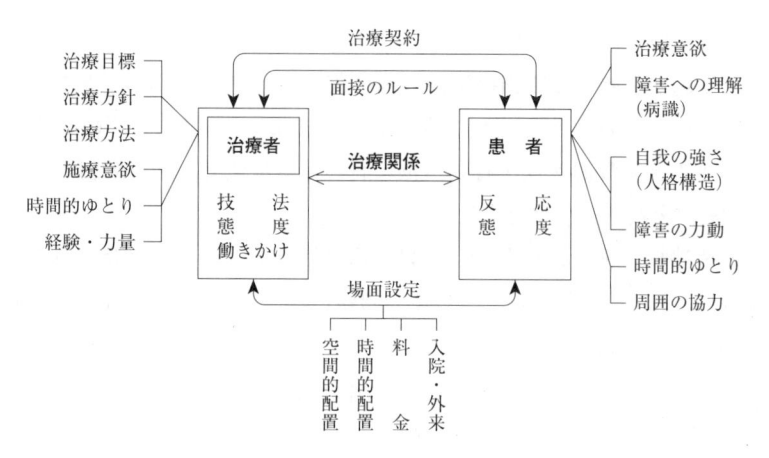

図9-2　治療面接の構造（前田，1981）

治療者側：治療目標／治療方針／治療方法／施療意欲／時間的ゆとり／経験・力量　―　技法・態度・働きかけ

患者側：治療意欲／障害への理解（病識）／自我の強さ（人格構造）／障害の力動／時間的ゆとり／周囲の協力　―　反応・態度

治療者と患者の間：治療契約／面接のルール／治療関係

場面設定：空間的配置／時間的配置／料金／入院・外来

　治療過程はその進行にしたがって，導入期，深化期，展開期，終結期に分けることができる。導入期ではまずコンタクト（治療的接触）が可能かどうかが問題になる。そして，ラポール（信頼関係）が成立すると，次の深化期へと移行する。深化期ではクライエントの自己開示が進み，自由な自己表現が可能となる。そして，展開期では治療関係を通して新たな自己を発見したり，これまでのあり方に対する自覚や洞察が生まれる。やがて，治療関係の終わりを目指した終結期にいたる。何をもって治療の終結とするかはいろいろな考え方があるが（たとえば，症状の消失など），治療関係が終わっても真の終結はないということも考えられる。

4　治療技法の適用

　どんな技法も一定程度の適用範囲というものがあり，万能の治療技法というものはない。クライエントの抱える具体的な問題や障害（たとえば，不登校，拒食など）に応じて，あるいは対象となる年齢によって技法が修正されることもある。基本的には，個人か集団か（個人療法，集団療法，家族療法など），子どもか大人か（遊戯療法，カウンセリング），言語的か非言語的か（夢分析，芸術

療法,動作法など)によって技法を大別することも可能である。また,「治す−治る」といった次元で技法を比較すると,操作的なものから自己治癒力にゆだねる技法まで,クライエント側の自助努力に負う程度によって各技法を位置づけることもできる。

　実際の臨床活動においては,クライエントの問題に応じてそれらの技法を組み合わせて,折衷的に用いることが実際的であろう。また,学派の違いより臨床経験や熟練度による違いが治療的には重要であるといわれることから,治療理論の歴史的経緯や技法の違いなどの知識を修得しながら,まずは自分にあった技法をマスターすることが肝要であろう。

> 例題

1　実際にクライエントとカウンセラーの役割をとって実習するロール・プレイの体験から,心理療法の理論を体験的に検証してみよう。
2　テスト・バッテリーを組んで自分で心理検査を受け,検査結果を日常の自己像と比較照合しながら,心理検査の有効性とテスト・バッテリーを組む場合に留意すべき点などについて考えてみよう。

引用文献

河合隼雄　1992　『心理療法序説』岩波書店
前田重治　1981　『心理臨床―精神科臨床と心理臨床家―』(臨床精神医学叢書9)星和書店
村瀬孝雄　1987　『臨床心理学』(放送大学教材)日本放送出版協会
日本臨床心理士資格認定協会監修　1999　『臨床心理士になるために』第12版　誠信書房
大塚義孝編　1999　『臨床心理士入門(大学編)』(こころの科学増刊号)日本評論社
大山正博　1981　「心理学的検査について」白橋宏一郎・小倉清編『治療関係の成立と展開』(児童精神科臨床2)星和書店　pp. 153-199.
相馬壽明　1995　『情緒障害児の治療と教育―治療教育と心理臨床の接点―』田研出版

参考文献

『異常心理学講座』全10巻（新講座）　1987-1992　みすず書房
河合隼雄監修　1991-1995　『臨床心理学』1-5　創元社
コーチン, S. J.　村瀬孝雄監訳　1980　『現代臨床心理学—クリニックとコミュニティにおける介入の原理—』弘文堂
『臨床心理学大系』全20巻（既刊16巻）1989-　金子書房
氏原寛ほか編　1992　『心理臨床大事典』培風館

コラム

臨床心理士

現在，名称として使用されている「臨床心理士」は，財団法人日本臨床心理士資格認定協会が一定の基準（大学院修士課程修了を基本とする）によって受験資格を認め，筆記試験と面接によって認定している民間の資格であり，国家資格ではない（具体的な受験資格については，日本臨床心理士資格認定協会監修〔1999〕を参照していただきたい）。

財団法人日本臨床心理士資格認定協会は1988年に設立され，1998年度までに認定された臨床心理士の累積数は過去10年間で6385人である。臨床心理士が広く知られるようになったのは，1995年の阪神・淡路大震災や地下鉄サリン事件をきっかけに，被災者や被害者の人たちの心のケアの必要性が社会的に認知されるようになったからである。

また，いじめによる生徒の自殺や不登校の増加といった学校のかかえる深刻な問題に対処するために，文部省が1995年にいじめ対策としてスクールカウンセラー（学校臨床心理士）を全国の学校に配置する調査研究委託事業をはじめたことも，臨床心理士が社会的に認知される契機となった。1998年度は1600人以上のスクールカウンセラーが全国の学校に配置された。わずか3年間で事業開始当初の約10倍のスクールカウンセラーが学校現場で活動しているが，そのうちの約80％にあたる人たちが臨床心理士である。なお，この資格は日本教育心理学会が認定するスクールサイコロジスト（学校心理士）とは異なる資格である（11章のコラムおよび付録の資格欄を参照）。

スクールカウンセラーとしての活動が注目される以前の臨床心理士のおもな職域は病院臨床（主として精神科領域）であったが，現在では，精神医療だけでなく老人医療や小児科領域，エイズ・カウンセリングなど，医療から福祉へと幅広い領域にわたっている。また，被災者の心理的援助や犯罪被害者の心のケア，教育・療育関係（心の相談室や各種電話相談，家庭教育相談など）の臨床活動など，従来の枠を超える職域で臨床心理士の活動が求められている。そのため，高度な実践力を備えた専門家として臨床心理士を養成する大学院における教育体制の整備が急務とされ，1999年度までに29の大学院が資格認定協会から指定大学院として認可されている（くわしくは，大塚〔1999〕を参照していただきたい）。

10章

社会心理学

　社会心理学は，心理学，社会学，文化人類学などと関連する学問領域であり，個人間の現象から，集団，社会的な現象までを扱っている。心理学が主として個人内の心理的現象を扱っているのに対し，社会心理学においては，「他者の存在」という要因が加わることになる。本章では，青年期にいるあなたが関心を持つと思われる，自己，好意（対人魅力），対人的影響について見ていくことにする。

1節　自　己

　青年期になると，多くの人がある一つの問題を抱える。「自分は誰か」という問題である。自分はどのような人物なのか，どのような能力を持っているのか，どのような領域のことが得意なのかなどという問題に対する解答を知りたいと思う。自己をとらえることは，他者の視点，他者との比較を通して可能になるという考え方から，社会心理学では，自己 (self) が一つの研究領域になっている。自己といってもいろいろな側面があるが，ここでは，まず，自分を意識するという面から見ていくことにしよう（図10-1）。

❶　自己意識とセルフ・モニタリング

　われわれはどのようなときに自分を意識しているのであろうか。いちばん

```
自己 (self)                          自己の置かれている (社会的) 状況
┌─────────────────────┐              ┌─────────────────────────┐
│  見ている自己 (I)    │              │   他者                  │
│                     │◄─────┐       │                         │
│   客体的自覚◄───────┼──────┤◄──────┤   ビデオカメラ          │
│   状態の喚起        │      │       │                         │
│  見られている自己(me)│      │       │   鏡                    │
│                     │------┘       │                         │
│  ┌公的自意識        │ 適合性の確認 │   内省  など            │
│  └私的自意識        │ (セルフ・モ  │                         │
│                     │  ニタリング) │                         │
└─────────────────────┘              └─────────────────────────┘
```

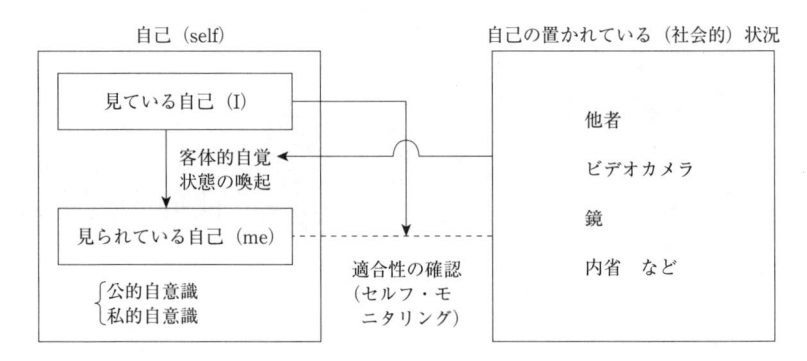

図10-1　自己に関連する現象

わかりやすいのは，人が自分を見ていると感じるときであろう。デュバルとウィックランド (Duval, S. & Wicklund, R. A., 1972) は，周囲の状況 (たとえば，鏡に写った自分の姿を見たり，テープ・レコーダを通して自分の声を聞いたりしている状態) によって，一時的に自分に対する注意が高まる場合を，**客体的自覚状態** (objective self-awareness) と呼んでいる。この状態になると，自分の理想とする状態 (規準) と現実とのずれを認知するようになり，そのずれをできるだけ少なくするような行動をとる。すなわち，規準に近づくように自分の行動を修正したり，ずれから注意をそらしたりする。一方，フェニグスタイン (Fenigstein, A., 1987) は，自己を意識する仕方には個人差があり，2種類に分けられることを指摘した。**公的自意識** (public self-consciousness) は，体つき，服装，話し方など他者から観察可能な自己の側面を意識することであり，**私的自意識** (private self-consciousness) は，感情，考えなど他者から観察できない，自己の内面的な側面を意識することである。フェニグスタインは，人がどちらの側面を意識しやすいかを測定するための尺度 (自意識尺度，菅原〔1984〕を参照) を作成している。

さらに，自分の行動と周囲の社会的状況との適合性に注意を向ける程度にも個人差があると考えられる。スナイダー (Snyder, M., 1974) は，それを**セルフ・モニタリング**という概念で説明し，セルフ・モニタリング尺度を作成し

た（岩淵ら〔1982〕を参照）。ある人たちは，自分の行動と周囲の状況との適合性に注意を払い，その場にふさわしい服装をしたり，話をしたり，ふるまいをしたりする（高セルフ・モニタ）。一方，自分の置かれた場にはあまり注意を払わず，自分の考えや感情に基づいて行動する人もいる（低セルフ・モニタ）。たとえば，商品広告の場合，高セルフ・モニタは，イメージ広告を好み，その商品を買うことによって周囲の人たちがどう思うかを気にする。一方，低セルフ・モニタは，イメージ広告よりも商品の品質や機能，値引率などを明示している実質的な広告のほうを好むことが明らかにされている。

上に紹介した議論には，共通の枠組みがある。それは，自己あるいは自分といっても2種類考えられるということである。つまり，「見ている自己」と「見られている自己」である。こうした枠組みは古くから提出され，前者を「I」，後者を「me」と呼んで区別している。

2 社会的比較

われわれは，自分の能力をどのようにして知ることができるのであろうか。**フェスティンガー**（Festinger, L., 1954）の**社会的比較過程理論**（theory of social comparison processes）によれば，われわれは，自分と類似した他者との比較を通して，自分の能力を知ることができ，自分に対する評価が可能になる。たとえば，自分の走る能力を把握する場合，小学生やオリンピック選手と比較しても意味がない。自分と同じ（ぐらいの）年齢，性別の人と比較して，自分が速いほうなのか遅いほうなのかを知ることができるということである。また，人との比較がされやすいのは，自分についてよく知りたいと思っているときや重要な決断を迫られているときなどである。

しかし，場合によっては，自分より劣った人や不遇な状態にいる人と比較して心理的な安心を得ることがある。たとえば，借金で苦しい状況にある場合，自分よりもっと困っている人との比較を通して，自分はまだましだと安心する場合である。こうした下方比較は，自分が望ましくない，困った状況に置かれている場合に生じやすい。

3 社会的アイデンティティ理論と個人的カテゴリ化理論

　自己と他者との比較は，集団レベルでも行われる。**タジフェルとターナー**(Tajfel, H. & Turner, J. C., 1979)**の社会的アイデンティティ理論**によれば，自分がある集団のメンバーとしてカテゴリ化されると，自分の所属集団（内集団）とそれ以外の外集団との比較を通して，自己評価が生じる。つまり，自分がある集団に所属していることにより，自分のアイデンティティを確認でき，それに基づいて自己評価もされるということである。われわれは基本的に自尊感情（自分をポジティブに評価したいという欲求）があるから，内集団を高く評価し，外集団を低く評価するという内集団びいきの現象が生じる。また，内集団のメンバーを実際よりも類似していると認知したり，外集団を単純化して認知したりする（ステレオタイプ）。さらに，内集団に所属する人との比較では，自分がユニークな存在であることを強調するような行動をとることを示した**個人的カテゴリ化理論**が，ターナーら（Turner, J. C. et al., 1987）によって提唱されている。

　1節では，自己の限られた側面ではあったが，われわれが自己というものをどのようにとらえているかを見た。次に，視野を少し広げて，自分と他者とのかかわりを見てみよう。かかわりといってもいろいろな側面が考えられるが，ここでは，自分と他者とのポジティブな関係（好意）について見ることにしよう。

2節　好意と恋愛

1 誰を好きになるのか

　あなたには，友人や親友がいると思う。恋人もいるかもしれない。あなたの周囲には，実に多くの人が存在しているにもかかわらず，なぜその特定の人と友人関係や恋人関係にあるのであろうか。どのような要因がわれわれに影響して，特定の人を好きになったり，好意的に思ったりしているのであろうか。これには，いくつかの要因が指摘されている。近接性，身体的魅力，

```
｛近接性      →   返報性    →   態度の類似性
  身体的魅力
 (初期)          対人関係の発達
```

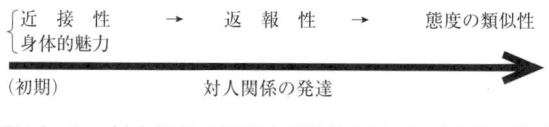

図10-2 対人関係の発達と好意を規定する要因の推移

返報性，態度の類似性などである。それらを順次見ていくことにしよう（図10-2）。

❷ 近 接 性

対人関係の初期において，ある人に対するわれわれのポジティブな反応を引き起こす一つの要因が**近接性**（propinquity）である。あなたの友人を見てほしい。帰る方向が一緒，所属学科やゼミの同じ人が友人という場合が多いのではないだろうか。近接性の要因が示していることは，物理的に遠くにいる人よりも近くにいる人を好きになる傾向があるということである。ある研究では，戦後まもなく復員してきた既婚学生のための新築アパートにおいて，互いの距離（何軒離れているか）が近くなるほど，友人関係形成率の高くなることが明らかにされている。

近接性の要因が効果を持つ理由は，少なくとも二つ考えられる。一つ目はザイアンス（Zajonc, R. B., 1968）の指摘した**単純接触効果**（mere exposure effect）である。近くにいることによって，ある人と何回も接触しているとだんだん親しみがわき，好意的になってくるというわけである。二つ目は，近くにいることによって共通の体験をする確率が高くなり，そのことによって両者の類似性が高まり，好意が生じやすくなることである。

❸ 身体的魅力

対人関係の初期において，効果を持つ別の要因が**身体的魅力**（容貌, physical attractiveness）である。一般に，ほかの条件が等しければ，身体的に魅力的な人のほうがそうでない人よりも好意を持たれやすい傾向にある。この傾

向は，異性間において認められやすい。

ただ，ここで問題なのは，近接性の場合とは違い，何が魅力的かという判断は，主観的な側面も含まれているという点である（魅力の判断に影響を及ぼす要因に関しては，大坊〔1997〕を参照）。また，自分と同程度の魅力度を持った相手を選択することを指摘した研究や恋人を選択する際には相手の受容度も考慮することを明らかにした研究もある。

4 返 報 性

いままで何とも思っていなかったAさんについて，ある友人から「Aさんはあなたのことが好きらしい」と伝えられる場合を想像してほしい。あなたはAさんの存在をだんだんと意識し，しだいにAさんを好意的に思うようになるかもしれない。このように，人から好意的に思われると，それにお返しをするようなかたちで自分もその人に好意的になる場合，**返報性** (reciprocity) の要因が働いているという。ただし，片思いという現象の存在から，返報性の要因が常に働くとは限らないこともわかる。

返報性というのは，「受けた恩義には報いなければならない」という社会的な規範の一つである。われわれはこうした規範を幼い頃から身につけ，人に対する好意の場合にも返報的に反応しているということである。

5 態度の類似性

近くにいて頻繁に会っていたから，あるいは，一目惚れしたので，ある人と友人や恋人としてつきあうようになったといっても，途中でしだいに疎遠になることがある。このとき，どうも相手と趣味が合わない，話が合わないという理由のあげられる場合がある。人との好意関係が持続するには，相手と態度が類似していることが大事な要因の一つであり，バーンとネルソン (Byrne, D. & Nelson, D., 1965) は，態度の類似比率が高いほど，回答者に対する好意度が高いという関係を見出した。

類似性（similarity）については態度のほかにも種々の側面が考えられるが，

好意度と関連しているのは，この態度の類似性である。たとえば，パーソナリティの類似性に関しては，一貫した結果が得られていない。

好意（liking）が発展すると愛（loving）に移行する（愛，恋愛については松井〔1993〕を参照）。また，われわれは人に好意や恋愛感情を抱くだけでなく，ある人に対しては敵対的になり，言語的，身体的，精神的な攻撃を加えることもある（攻撃行動については，大渕〔1993〕にくわしい）。

次に，好意よりも他者に対する積極的な働きかけの認められる，影響を及ぼすという側面について見てみよう。

3節　対人的影響

◼ 影響の及ぼしあい

われわれの生活は，周囲の人たちと働きかけあうことで満ちている。昨日までの1週間のできごとを思い出してほしい。そのなかで，あなたが人から何かしら働きかけられたことにはどのようなものがあったであろうか。駅まで車で送ってほしい，買い物につきあってほしい，CDや本を貸してほしい，ある商品を買ってほしいなどいろいろな働きかけ（influencing attempt）があったであろう。また，逆にあなた自身が周囲の人に働きかけたこともあったであろう。さらに，いままでの生活のなかでは，上記のようなちょっとした頼みごとではなく，親が勧めるのとは別の進路に進みたいので親を説得したり，下宿することを親から反対されたり，もう少し時間と労力のかかる働きかけもあったかもしれない。

◪ 受け手が考えること

人から働きかけられた場合，受け手（influence target）としてわれわれはどのようなことを考えるのであろうか。図10-3に示したように，少なくとも三つの点に注目すると考えられる（今井, 1996）。一つ目は，送り手（influencing agent）が誰であるかということであろう。たとえば，いままで一度も会

```
┌─────┐    ┌─── 受け手が考えること ───┐    ┌─────┐
│送り手│    │・「誰が」自分に働きかけてきたか？│    │受け手│
│の働き│ →  │  （送り手の影響力）          │ →  │の反応│
│かけ │    │・「どのように」働きかけてきたのか？│    │   │
│     │    │  （影響手段）               │    │   │
│     │    │・「どのような内容」の働きかけなのか？│    │   │
│     │    │  （応じることのコスト，利潤など）  │    │   │
└─────┘    └────────────────────┘    └─────┘
```

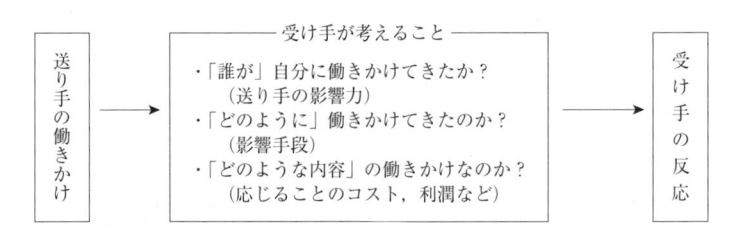

図10-3 送り手から働きかけられた際に受け手が考えること
（今井，1996を改変）

ったことのない人なのか，気心の知れた友人なのかということである。二つ目は，働きかけの内容である。とくに，その働きかけに応じることが自分にとってどのくらいコスト（具体的には，労力，時間，危険，情報，金銭など）のかかることなのかという点である。ちょっとした頼みごとであれば，すぐに応じる気になるが，たいへんな作業をともなうことであれば二の足を踏んでしまう。三つ目は，送り手がどのように働きかけてきたかという点である。たとえば，ストレートに単に頼んできただけか，何か交換条件を出してきたか，あるいは，受け手が応じるよう巧妙な手を使ってきたかということである。

一般に，受け手にとって応じることのコストが高いほど，送り手からの働きかけに応じる確率は低くなると考えられるから，ここでは，それ以外の送り手の要因と働きかけ方について見ていこう。

3 影 響 力

送り手が誰であるかということは，言い換えれば，送り手が受け手にとってどのような意味を持つ人物かということである。送り手が自分に対して影響力（あるいは，社会的勢力〔social power〕）を持っていると受け手が認知しているほど，その送り手からの影響に応じやすくなる。**影響力**とは，人に影響を与えることのできる潜在的な能力のことである。

何が影響力をもたらしているのであろうか。**フレンチ**と**レイヴン**（French, J. R. P., Jr. & Raven, B. H., 1959）によれば，少なくとも6種類のものが基盤とな

って影響力を構成している。すなわち，受け手にとって賞（金銭，情報，労力など）となるものを受け手に与えることができること（賞勢力），罰（身体的・精神的攻撃，所有物の剥奪など）を与えることができること（罰〔強制〕勢力），受け手が認めるような，社会的に高い地位に就いていること（正当勢力），受け手よりも専門的な知識や技能，能力を持っていること（専門勢力），送り手が受け手の理想的な人物になっていること（受け手が送り手に同一視していること，参照勢力），そして，受け手が応じるようにさまざまな説得的議論をつくりだすことができること（情報勢力）である。

4 影響手段

　送り手が受け手に働きかける際には，受け手に対して持っている影響力に基づいて，具体的な影響手段 (influence tactics) を選び，実行することになる。賞をコントロールできる場合には（賞勢力），それを利用して，受け手が応じてくれたらその賞を与えると約束したり，あらかじめ賞を与えておいたうえで働きかけることもできる。罰勢力の場合も同様である。正当勢力や参照勢力の場合は，送り手のほうが地位の高いことを強調したり，自分の専門性の高さが認められるような服装をしたり，資格証を掲げておいたりする。

　このほかにも，受け手の応諾を引き出す巧妙な影響手段がある。**段階的依頼法** (foot-in-the-door technique) は，まず受け手が応じやすい，コストの低いことを頼み，その後，より応諾コストの大きい頼みごとをする。はじめから大きい頼みごとをするよりも応諾率の高いことが明らかにされている。**譲歩的依頼法** (door-in-the-face technique) は，前者と逆のパタンである。まず，受け手が明らかに断ると思われるほど応諾コストの大きい頼みごとをし，受け手が断ったら，譲歩して応諾コストの小さい頼みごとに切り替える。受け手は，送り手が譲歩したので，返報性の原理にしたがって，自分も譲歩し，ある程度は応じざるをえないような気になるのである。

例題

譲歩的依頼法の効果を自分で確かめるための簡単な現場実験を行ってみよう。数量的に明確な差を設定できる依頼内容を考え（コピーを20枚頼む，お金を5000円貸してくれるよう頼むなど），譲歩条件（コピー依頼の場合であれば，最初は50枚頼み，相手が断ったら20枚にして再度頼む）とコントロール条件（はじめからコピー20枚を頼む）において，どちらのほうが応諾率が高いかを比較する（できればχ^2検定を行う）。各条件それぞれ15人以上の人に頼む。条件間の差は依頼方法だけにして，それ以外の要因に関しては条件間に差がないように気をつける。

そのほか，譲歩の回数を2回ではなく3回にしてみるとか，譲歩率を変えてみる（25％，50％，75％）というように，譲歩的依頼法に影響を及ぼす他の要因を探ることもできよう。

引用文献

安藤清志・西田公昭編　1998　『「マインド・コントロール」と心理学』（現代のエスプリ No. 369）至文堂

Byrne, D. & Nelson, D.　1965　Attraction as a linear function of proportion of positive reinforcements. *Journal of Personality and Social Psychology*, 1, 659-663.

大坊郁夫　1997　『魅力の心理学』ポーラ文化研究所

Duval, S. & Wicklund, R. A.　1972　*A theory of objective self-awareness.* New York : Academic Press.

Fenigstein, A.　1987　On the nature of public and private self-consciousness. *Journal of Personality*, 55, 544-554.

Festinger, L.　1954　A theory of social comparison processes. *Human Relations*, 7, 117-140.

French, J. R. P. Jr. & Raven, B. H.　1959　The bases of social power. Cartwright, D.（ed.）　*Studies in social power.* Ann Arbor : Institute for Social Research, University of Michigan, pp. 150-167. 水原泰介訳　1962　「社会的勢力の基盤」千輪浩監訳『社会的勢力』誠信書房　pp. 193-217.

今井芳昭　1996　『影響力を解剖する―依頼と説得の心理学―』福村出版

岩淵千明・田中國夫・中里浩明　1982　「セルフ・モニタリング尺度に関する研究」『心理学研究』53, 54-57.

松井豊　1993　『恋ごころの科学』（セレクション社会心理学 12）サイエンス社

大渕憲一　1993　『人を傷つける心―攻撃性の社会心理学―』（セレクション社会心理学 9）サイエンス社

Snyder, M.　1974　The self-monitoring of expressive behavior. *Journal of Personality and Social Psychology,* 30, 526-537.

菅原健介　1984　「自意識尺度（self-consciousness scale）日本語版作成の試み」『心理学研究』55, 184-188.

Tajfel, H. & Turner, J. C.　1979　An integrative theory of intergroup conflict. Austin, W. G. & Worchel, S.（eds.）, *The social psychology of intergroup relations.* Monterey, Calif. : Brooks/Cole.

Turner, J. C., Hogg, M. A., Oakes, P. J., Reicher, S. D. & Wetherell, M. S. 1987　*Rediscovering the social group : A self-categorization theory.* Oxford : Blackwell. 蘭千壽・磯崎三喜年・内藤哲雄・遠藤由美訳　1995　『社会集団の再発見―自己カテゴリー化理論―』誠信書房

Zajonc, R. B.　1968　Attitudinal effects of mere exposure. *Journal of Personality and Social Psychology,* 9, 1-27.

参考文献

大坊郁夫・安藤清志・池田謙一編　1989-1990　『社会心理学パースペクティブ』1-3　誠信書房

ヒューストン, M. ほか編　末永俊郎・安藤清志監訳　1994-1995　『社会心理学概論―ヨーロピアン・パースペクティブ―』1-2　誠信書房

詫摩武俊編　1989　『基礎社会心理学』（基礎心理学講座Ⅴ）八千代出版

吉田俊和・松原敏浩編著　1999　『社会心理学―個人と集団の理解―』ナカニシヤ出版

コラム

マインド・コントロール

　いままであまり連絡のなかった中学時代の同級生が，ある日突然電話をしてきて会おうという。約束した喫茶店に出向いたところ，その同級生のほかに見知らぬ2人もすでに来ており，ある宗教団体に入るよう勧誘を受けた。あるいは，ある料理の同好会というので，その料理が好きな自分にとっては格好のサークルと思い入部したところ，実は，その背後に宗教団体が控えていて，しだいに料理とは関係のない活動内容に引き込まれていった。新々宗教の団体のなかには，こうしたかたちで新会員を獲得しているものがある。

　そのような団体に入会するとどうなるのであろうか。ある宗教団体の場合は，新会員（受け手）がいままで持っていた現実感（reality）の多くを破壊し，そのかわりにその団体が信奉する教義を注入する。その結果，受け手は，そうした影響を受けなかったならばしないような判断を下したり，行動をとったりするようになる。しかも，受け手本人には，自分がそのような影響や操作を受けているという認識はない。影響を与える側（送り手）は，巧妙に受け手の状況を操作して，受け手の自由感を確保したうえで，自分たちに都合のよい判断や行動を受け手にとらせるのである。このように，いろいろな生理的，心理的な方法を用いて，受け手が知らないうちに受け手の現実感を破壊し，受け手の行動，感情，思考に影響を及ぼし，受け手を操作することをマインド・コントロール（mind control）と呼んでいる。

　マインド・コントロールの手法のなかには，社会心理学で明らかにされてきたものがある（返報性，希少性，好意性，他者の反応，社会的表明と一貫性，賞罰の付与など）。送り手は，他の手法とそれらを組み合わせて，自分たちの利益のために（受け手の不利益を省みず）受け手に影響を及ぼしている。このように，反社会的な性質を帯び，自分たちの信念を現実化するために活動している組織体を破壊的カルト（destructive cult）と呼び，宗教的，商業的，政治的，教育的なカルトがある。破壊的カルトのメンバーは，受け手が家族の問題（両親の離婚，病気など）や本人の問題（恋愛，性格，人生の意味など）を抱えていると，それにつけ込み，自分たちの団体に入ればそれを解決できるといって引き込むのである。そのような団体から勧誘を受けたら，その団体の信奉する教義が正しいかどうかを多くの資料をもとに自分で調べたり，周囲の人に相談したりすることが必要である。くわしくは，安藤・西田（1998）を参照してほしい。

11章

教育心理学

　教育心理学とは，心理学の理論・方法・知見を教育場面におけるさまざまな現象の考察に応用した学問領域である。教育心理学が対象とする教育場面は，必ずしも学校場面に限定されるものではない。学校や教室での問題のほか，家庭や職場，クラブ，サークル，あるいはカルチャーセンターなどでの諸問題が教育心理学の対象となるのである。

　Ⅰ部「心理学の基礎」とⅡ部「応用心理学」の各章で紹介された理論や考え方は，教育心理学においてさまざまなかたちで応用されている。たとえば，感覚と知覚の章で述べられたことは，学校環境の決定のための情報を提供している。記憶および思考の章は記憶のメカニズムや効果的な問題解決についての知見を紹介しており，これらは授業方法や指導方法に貢献している。情緒と動機および性格の章は，教育場面での人間理解に役立つ多くの示唆を与えている。発達および知能の章は，教師の指導や親の養育態度の指針に影響している。社会心理学の章で紹介された理論や考え方は，学級集団などのさまざまな集団における対人関係の理解に役立っている。臨床心理学および犯罪心理学の章で明らかにされた人間観やデータは，不登校や非行などの問題行動の治療に多くの示唆を提供している。

　このように，教育心理学が関連する領域は広い。したがって，本章のスペースで教育心理学全般について述べることはむずかしい。そこで，ここでは学習の章で紹介したオペラント条件づけに焦点をあてることにした。この一

つの概念だけでも，教育場面における学習者の行動のさまざまな理解に役立っている。

1節 オペラント条件づけの教育場面への貢献

1 オペラント条件づけ

　ある行動が出現するたびに報酬が与えられると，行動と報酬のあいだに随伴性があることが認知され，その行動が習得される。これが3章で紹介した**オペラント条件づけ**である。オペラント条件づけの考え方は，われわれがふだん気づきにくい人間行動の理解に役立つものである。

　その一例として，幼稚園で他の園児と遊べない子どもの治療を行った，バンデュラ（Bandura, A. 1967）の研究を紹介する。治療前は，その園児への教師の対応は以下のようなものであった。その園児が一人で遊んでいると，教師はその園児にみんなと遊ぶように働きかけた。そして，その園児が意を決して集団のなかに入ると，教師はその園児への働きかけをやめていた。この対処の仕方は常識的なものであり，とくに問題がないように思われる。しかし，オペラント条件づけの考え方に基づいて教師の行動を吟味すると，この対処の仕方の問題点が見えてくる。教師からの働きかけを受けることが園児にとって報酬的な機能を果たすとするならば，教師の対処は次のような意味を持つことになる。一人でいるときには報酬が与えられ，集団内にいるときには報酬が与えられないことは，教師の意図に反し，園児が一人でいることを条件づけていることになっているのである。

　バンデュラは，教師の対処の仕方を逆にするように助言した。つまり，一人でいるときには教師からの働きかけがほとんどなく，園児集団のなかにいるときに数多く接触した。その結果，短期間のうちに，園児の問題行動は消滅した。オペラント条件づけによる学習は動物にだけあてはまるのではなく，人間の行動を説明するときにも有用なものなのである。

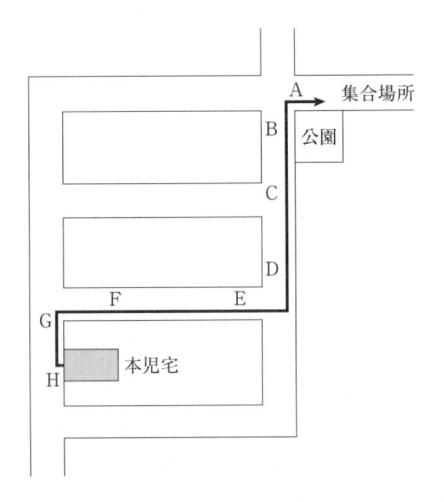

図11-1 シェーピングのための八つの下位目標（小林ら，1985）

2 シェーピング

　オペラント条件づけによって行動を習得させることは，その行動が学習者の行動レパートリーにある場合には容易である。しかし，行動レパートリーにない複雑な行動の場合には，そのような行動が自発的に生起する可能性がほとんどないために，オペラント条件づけで学習させることがむずかしくなる。このような場合には，シェーピング（反応形成）の技法を用いることが多い。シェーピングとは，最終的に獲得すべき行動をいくつかの下位目標に分割し，容易な目標行動から順番にオペラント条件づけによって学習していき，最終的に複雑な目標行動を習得させるというものである。

　小林正幸ら（1985）は，学校に行けない小学校1年生の児童を対象に，以下のような手続きで治療を行っている。その児童は1学期までは何の問題もなかったのだが，2学期になってから登校をしぶるようになった。登校の準備の際に，泣いたり，部屋の床に座り込むようになった。来談した頃は，集団登校の集合場所まで付き添うことによって，何とか登校を続けている状態であった。しかし，登校時に集合場所で登校班に入ってしまうと支障なく登

校でき，学校では何の問題もなく過ごすことができた。そこで，一人で集合場所まで行くことが治療の目的とされた。

カウンセラーは，シェーピングの考え方に基づき，自宅から集合場所までの道のりを図11-1のようにAからHまでの8つの下位目標として設定した。もっとも容易な目標Aは，集合場所の少し手前まで母親が同行し，そこから集合場所まで単独で行くことである。児童が一人で歩く距離が徐々に長くなるように目標が設定され，最終的な目標Hは自宅から一人で集合場所へ向かうことであった。シェーピングには，オペラント条件づけの手続きによる報酬が必要である。この事例では，児童が母親と別れて集合場所へ向かう際に，母親から児童にシールを報酬として与えた。児童は帰宅後，このシールをがんばり表に貼りつけ，シールが一定数以上たまると就寝時に母親が添い寝をしながら本を読んであげることにした（シールの獲得量が多いほど，時間も長くするようにした）。その結果，相談開始から9週間後には児童は単独で集合場所へ行くことができるようになり，**不登校の治療**が完了した。登校をしぶる児童に最初から一人で自宅を出るというむずかしい目標を与えても，なかなかうまくいかない場合が多い。この報告は，シェーピングの考えが成功した好例である。

③ プログラム学習

学習指導の方法の一つに，**スキナー**（Skinner, B. F., 1954）が考案した**プログラム学習**と呼ばれるものがある。スキナーがプログラム学習のアイデアを思いつくきっかけになったのは，自分の子どもが受けている授業を参観したことであった。授業は一斉授業の形態で行われていた。一斉授業では，教師は学力や理解度において平均的な児童に合わせて授業を進めるのが一般的である。実際に彼が参観した授業もそのように進められていた。スキナーは，このような授業の進め方は理解が進んでいる児童には緩慢で退屈な授業に感じられ，理解が遅れている児童にはペースが速すぎてわからない授業になっていることに気づいた。そして，このような授業方法が非効率的なだけでなく，

児童の動機づけを阻害する可能性もあると考えた。そして，一斉授業の問題点を改善し，効率的でどの児童にも飽きさせない学習方法として，プログラム学習を提唱した。

　プログラム学習の背景になる理論は，シェーピングの考え方である。学習すべき課題を細かいステップ（下位目標）に分け，学習者は容易な課題から順に遂行する。そして，その遂行あるいは反応の正否は即時に確認される（これが強化子の役割を果たす）。反応が正しかったりうまく遂行できれば次の課題へ進み，失敗した場合にはできるまでその課題を繰り返すことになる。このような手順で学習していくことによって，すべての学習者が最終目標に到達できることになる。プログラム学習では，学習者の個人差は学習速度の違いとしてとらえていた。したがって，同じプログラムで学習した場合，学習の完了までの時間が学習者によって異なるだけで，すべての学習者が学習すべき課題や内容を同等に習得することができるのである。プログラム学習には，シェーピングの考え方に基づいた**スモールステップの原理，即時確認の原理，マイペースの原理**の三つの原理が必要条件である。

　図11-2は，プログラム学習における3通りのプログラムの型の流れを表したものである。スキナー自身は(a)の直線型のプログラムを想定しており，全員が同じ経路を通って学習していくことになる。(b)の分岐型では，学習者の反応の違いにより異なる問題を提示する手続きを含んでおり，学習者の理解度の違いに対応できるようにプログラムがつくられている。(c)の治療型では，誤答の種類によってはその治療プログラムで学習できるようにプログラムがつくられている。

　教科のなかにはプログラム学習に適さない教科や単元もあるけれども，数学や理科では，プログラム学習に向いた単元が比較的多い。プログラム学習の考え方は，**コンピュータ支援授業**（Computer Assisted Instruction：**CAI**）にも活かされており，最近のパーソナルコンピュータの性能の向上はプログラム学習あるいはCAIによる授業の可能性をさらに高めるものにしている。

　初心者に新しい課題を学習させる場合，プログラム学習は有用な指導方法

Ⅱ部　応用心理学

(a) 直線型

(b) 分岐型

(c) 治療型

治療プログラム

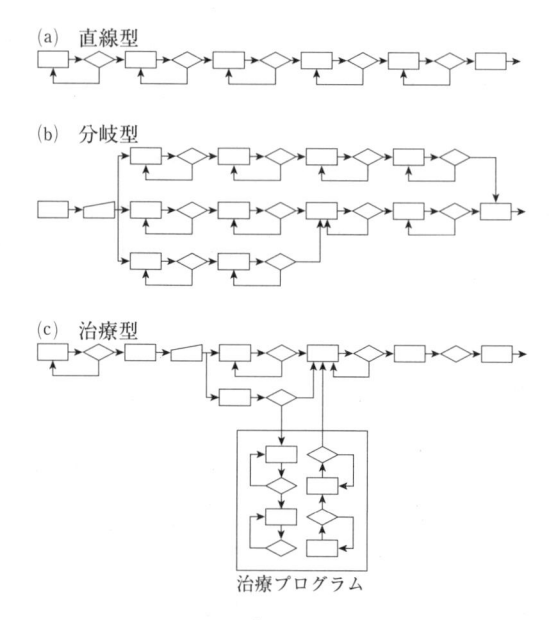

図11-2　プログラム学習の型

　□は問題，◇は解答を表している。正解の場合は右へ，正解でない場合は下へ進むようになっている。▱は多肢選択の問題であり，その解答によって次に提示される問題が異なる。

となることが多い。たとえば，自動車教習所のプログラムは，プログラム学習の典型例である。第1段階から第4段階までに，運転に必要な数十段階の下位目標となる課題が組み込まれ（スモールステップの原理），講習後には教官からのフィードバックによって強化される（即時確認の原理）。そして，講習時間数が学習者によって異なっている（マイペースの原理）。このように，教習プログラムには三つの原理がすべて組み込まれている。

2節　オペラント条件づけを応用する際の留意点

　オペラント条件づけあるいは報酬による強化が学習者の動機づけを高める

ということには，疑問の余地はない。学業へのやる気を失っている生徒や勉強嫌いの児童に対して課題遂行後に報酬を与えることは，彼らを学習へ向かわせる有効な方法の一つである。

ところが，報酬が学習者の動機づけをいつでも促進させるかというと，必ずしもそうではないことが明らかにされている。学習者が課題そのものがおもしろくて学習している場合，言い換えれば内発的動機づけによって課題に取り組んでいる場合に，教師や親からの報酬が内発的動機づけを阻害する可能性がある。なぜ，そのようなことが生じるのだろうか。

1 過正当化効果

学習者が内発的動機づけによって課題に取り組んでいるときに，他者から報酬を与えられることによって内発的動機づけが低下する現象は，**過正当化効果**（overjustification effect）と呼ばれている。この現象を見出した研究の一つを紹介する。グリーンとレッパー（Greene, D. & Lepper, M. R., 1974）は，幼稚園での自由時間に幼児が自発的に絵を描く時間量を，絵を描く行動への内発的動機づけの指標と定義し，次のような手続きで実験を行った。まず最初に，幼稚園での自由時間中の園児の行動を観察し，自発的に絵を描く行動を比較的頻繁に行っている3歳〜5歳の園児55人を被験者として選び出した。2週間後，被験者を三つの条件群のいずれかにランダムに振り分け，それぞれの実験状況で絵を描いてもらった。報酬予期条件では，実験室で絵を1枚描くごとにポーカーチップをあげること，それを集めると賞品と交換できることを約束し，絵を描いてもらった。そして，実験終了後，被験者は約束どおりに賞品を得た。報酬なし条件では，いつものように絵を描いてもらったが，報酬は与えられなかった。予期しない報酬条件では，報酬なし条件とまったく同じ条件で絵を描いてもらったけれども，実験終了後に思いがけないかたちで報酬予期条件と同じ賞品をもらった。つまり，絵を描くことと賞品との**随伴性**がない手続きで報酬が与えられたのである。1週間後，実験に参加した被験者が幼稚園での自由時間にどのような行動をしているかが観察さ

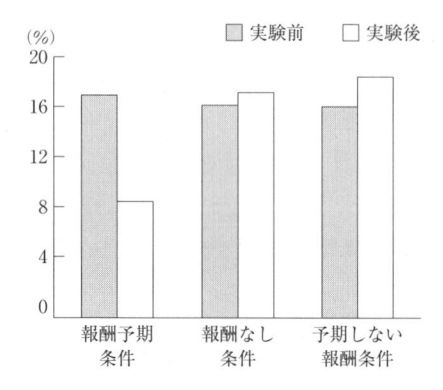

図11-3 自由時間中に教室で絵を描いている時間のパーセンテージ
(Green & Lepper, 1974)

れた。その際も，自由時間中に絵を描く時間量（内発的動機づけの指標）が測定された。実験前と実験後の各条件の子どもの内発的動機づけの変化は，図11-3のとおりである。報酬予期条件の幼児だけが，内発的動機づけを大きく低下させていた。一方，予期しない報酬条件の幼児にはそのような影響は見られなかった。つまり，報酬が内発的動機づけを低下させるのではなく，絵を描くことと報酬に随伴性があると認知することによって，過正当化効果が引き起こされることが明らかになった。一般的に報酬は動機づけを高めると考えられていただけに，過正当化効果は多くの研究者に注目された。その後，さまざまな課題やさまざまな年齢層の被験者を対象として，多くの追試研究が行われた。これらの研究結果は必ずしも一貫するものではなく，過正当化効果が確認されなかった報告も少なくなかった。

2 認知的評価理論

デシ（Deci, E. L., 1975）は，これらの研究結果を包括し，他者からの報酬が内発的動機づけに及ぼす影響を，三つの命題からなる**認知的評価理論**としてまとめた。

（命題Ⅰ）内発的動機づけが影響を被りうる一つの過程は，**認知された因**

果律の所在が，内部から外部へ変化することである。これは，内発的動機づけの低下をもたらすであろう。

（命題Ⅱ）内発的動機づけが変化をこうむりうるもう一つの過程は，**有能さと自己決定感**における変化である。もし，ある人の有能さと自己決定に関する感情が高められるようであれば，内発的動機づけは増大するであろう。もし，有能さと自己決定に関する感情が低下すれば，内発的動機づけも低下するであろう。

（命題Ⅲ）すべての報酬（フィードバックを含む）は，二つの側面を有している。すなわち，制御的側面と，情報的側面である。二つの側面の相対的な顕現性が，いずれの過程が働くかを決める。もし，制御的側面が顕現的であれば，認知された因果律の所在の過程に変化を始発するであろう。他方，情報的側面のほうが顕現的であれば，有能さと自己決定感に変化が生じるだろう。

命題Ⅰでは，ある行動をしたいからしている（因果律の所在が内部にある）ことと，やらされている（因果律の所在が外部にある）ことを区別した。そして，前者から後者への変化が生じると，報酬がない場合には内発的動機づけが低下してしまうのである。命題Ⅱでは，報酬が有能感を高めるならば，内発的動機づけはさらに高まり，過正当化効果が起こらないことを指摘している。そして，命題Ⅲでは，報酬の二つの機能（制御的か情報的か）を区別し，どちらが顕著であるかによって，命題Ⅰか命題Ⅱのどちらの過程が作用するかが異なることを指摘している。

因果律の所在が動機づけに影響しているを裏づける事実は多い。たとえば，最近の朝日新聞（1999年6月25日付）の「窓」欄に「カムバック」と題する次のような記事が掲載されていた。

女子競泳の千葉すず選手が3年ぶりにカムバックし，以前よりも好記録を出したことを紹介している。3年前からアメリカで水泳指導をしているうちに，水泳を楽しむ境地をはじめて知り，いまは練習が苦痛でなくなったと語っている。千葉選手の最近の好成績について，中京大学水泳部監督の高橋繁浩氏の以下の言葉が載っている。「引退して復帰した選手は強い。自分の意

志で泳いでいるから。しかも，『やらされている』のと『やりたい』の違いだ」。このように，千葉選手の水泳という課題に対する因果律の所在が外部から内部へ変化し，その結果水泳を楽しめる（内発的に動機づけられる）ようになり，それが好成績につながっているのである。

認知的評価理論は，われわれにも多くの示唆を与えてくれる。たとえば，ファミコンに熱中する小学生の場合，親がやめさせようとすればするほど，認知された因果律の所在を内部に置くことになり，結果としてファミコンへの動機づけが高まると考えられる。また，親の勉強しなさいという言葉に対して，「いま，そろそろ勉強しようと思ってたのに，そういわれたからやる気がなくなった」という反論も，あながち屁理屈でもないのである。

例題

1　身の回りであるいはこれまでの経験で，プログラム学習の考え方が活かされている事例を一つあげてみよう。そして，そのプログラムを図11-2のような流れ図で表してみよう。
2　現在熱中していることあるいは過去に熱中していたことについて，その理由や取り組み方を記述してみよう。そして，その内容が認知的評価理論がその内容と合致するかどうかを確かめてみよう。

引用文献

Bandura, A.　1967　Behavior psychotherapy. *Scientific American*, 216, 78-86.

Deci, E. L.　1975　*Intrinsic motivation*. New York : Plenum Press. 安藤延男・石田梅男訳　1980　『内発的動機づけ―実験社会心理学的アプローチ―』誠信書房

Greene, D. & Lepper, M. R.　1974　Intrinsic motivation : How to turn play into work. *Psychology Today Magazine*, 49-53.

小林正幸・金子幾之輔・内山喜久雄　1985　「登校しぶり治療への行動論的アプローチの試み」『相談学研究』17, 67-72.

日本教育心理学会　1996　「スクールサイコロジストとは」日本教育心理学会事務局

Skinner, B. F.　1954　The science of learning and the art of teaching.

Harvard Educational Review, 24, 86-97.

参考文献

鎌原雅彦・竹綱誠一郎　1999　『やさしい教育心理学』（有斐閣アルマ；Interest）有斐閣

子安増生・田中俊也・南風原朝和・伊東祐司　1992　『教育心理学』（ベーシック現代心理学 6）有斐閣

大村彰道編　1996　『発達と学習指導の心理学』（教育心理学Ⅰ）東京大学出版会

下山晴彦編　1998　『発達と臨床援助の心理学』（教育心理学Ⅱ）東京大学出版会

コラム

学校心理士(スクールサイコロジスト)

近年,学校には,不適応を示す多くの児童・生徒がおり,学校も家庭も,時には社会もこの問題について苦悩している。不登校,いじめ,非行,あるいは学級崩壊といった深刻な問題は,増加する傾向にある。これらの児童・生徒に科学的な援助の手をさしのべる専門家として,「学校心理士」がいる。

この資格は日本教育心理学会が認定するものであり,国家資格ではない(具体的な申請手続きについては,日本教育心理学会編集の手引きを参照のこと)。

学校心理士の役割とは,どのようなものだろうか。日本教育心理学会(1996)では,学校心理士の援助のあり方について3段階の援助サービスを提言している。一次的教育援助とはすべての子どもが持つ発達上の問題に対する援助のことであり,子どもの一般的な適応能力(学習スキル,対人関係スキルなど)の開発を援助するという発達促進的な援助がこれにあたる。二次的援助とは,登校をしぶったり学習意欲が低下したりする子どものように,指導上の配慮を必要とする子どもへの援助のことである。三次的援助とは,不登校,いじめ,あるいは学習障害などの特別の援助が必要な援助のことである。

学校心理士は,一次的あるいは二次的援助では主体となる教師をサポートする役目を果たし,三次的援助では教師や保護者とともに援助チームを構成し,個々の子どもに合わせた個別の教育計画を作成・実践する,と考えられている。学校心理士の役割についての教育心理学会の提唱は,援助を三つの観点から考えることによって,学校での相談活動を幅広くとらえることを可能にした。教育心理学会では,1999年10月末日現在ですでに約1000人の学校心理士を認定している。

12章

犯罪心理学

1節 人はなぜ犯罪を犯すのか

　人はなぜ犯罪を犯すのであろうか。毎日の新聞の見出しを見れば，殺人，強盗，覚醒剤乱用というような凶悪事件の記事が載らない日は一日もないといっても過言ではない。その犯人たちのほとんどは，「してはならないこと」と認識しながら犯行に至っており，気がついたら犯罪者になっていたということはほとんどありえない。
　さて，次のような質問にあなたはどのように答えるであろうか。

　問1　次の(1)から(5)について，あなたが経験したことのあるものに○をつけなさい。
　(1)　20歳にならないうちに，お酒を飲んだ。
　(2)　20歳にならないうちに，たばこを吸った。
　(3)　コンパでみんなと盛り上がり，一気飲みをさせた。
　(4)　自動販売機のおつりの取り出し口に，前の人のおつりの30円が残っていたので，自分のおつりと一緒にもらった。
　(5)　電車に乗るとき，とりあえず初乗り料金の切符しか買わなかったが，降車駅は定期券が使える駅であったので，定期でそのまま降りた。

　あなたの経験はいかがであろうか。ひょっとしたら，一つくらいは○がついたかもしれない。立派な犯罪者である。他方，このような種類の経験は誰

しもが必ず一つや二つは持っている。では次の質問はどうであろう。

　問2　次の(1)から(5)について，あなたが経験したことのあるものに○をつけなさい。
　(1)　勝手に人の家に入り，ものを盗んだことがある。
　(2)　シンナーや覚醒剤などを使ったことがある。
　(3)　人を殴って，ものを盗ったことがある。
　(4)　みんなが飲むポットのお湯に毒を入れたことがある。
　(5)　人を殺したことがある。

問2については，ほとんどの読者が経験していないことであろうし，今後も経験することのないことであろう。

どうしてこのような違いが出るのであろうか。それは，人にはそれぞれ多少の違いはあるものの，「してもよいこと」「してはならないこと」の判断基準があり，たとえば問2のようなことがらについては，ほとんどの人が「してはならないこと」と判断しているからである。

それでも世の中に非行や犯罪があふれているのはなぜであろうか。それは，人によって，法や規則をどの程度守るべきであると考えているかの基準（これを「規範意識」という）が異なること，また，その行為を自分なりに「してよいこと」と判断するか否かの基準（これを「道徳的判断」という）が異なることから，これらの基準が大きく逸脱しているか否かが，非行者・犯罪者となるかどうかを決めているのである。

2節　犯罪の動機

1　事例 I

　Kは，国立大学大学院を修了した後，一流企業に就職した。一見順調に見えた社会生活であったが，交際していた女性との関係がうまくいかなくなったことをきっかけに，挫折体験を味わい，4年あまりで退職した。その後は，転職を繰り返し，少し働いて給料をもらうと，それをパチンコや競馬に費やすという享楽的な生活に陥り，給料だけではまにあわなくなった。ついには

違法な悪徳金融に手を出し，借金を返済するために，さらにギャンブルにつぎ込むというような悪循環を重ね，最終的には数社からの借入金額が1000万円近くになった。そんな折，たまたま競馬場で知りあったNと意気投合し，酒食をともにするようになった。何度もNの家に招かれるうちに，Nがかなりの財産を持っていることを知り，徐々に，それを手に入れれば借金返済も一気に解消すると考えはじめた。そこで，ある日Nの家に行った際，家人がいないことを知ると，Nをゴルフクラブで撲殺し，貴金属を持ち出した。

2 動機を考える

　犯罪には**動機**がある。その動機部分を分析するのが**犯罪心理学**の大きな役割である。1 で示した強盗殺人の場合，「金やものが欲しくて，人を殺した」という理解は誰でもできることで，それが動機の分析であるかに理解されやすい。たしかに，因果で考えれば，この理解は間違ってはいない。しかし，この一見非常に合理的でスマートな説明は非常に常識からはずれている。たとえば，読者が，お金が欲しかったとしよう。その際，どのように考えるであろうか。まず，健康であれば何らかの働く手段を考える，もしくは，親にお金を送ってもらうという人もいよう。金に困ったとき，まず自分の努力で手に入れようとするのが，当然の考え方である。決して犯罪を犯してまで，ましてや人を殺してお金を奪うなど，考えもしないことではないだろうか。

　1 で示したKも，途中まではいわば人生の成功者であった。一流企業に勤務しているときは，社会的制裁を受けるような行為は厳に慎んでいたであろうに，挫折体験を経て退社後，社会的な「たが」がはずれるとともに生活がすさみ，「失うものが少なくなるにつれて」犯罪を惹起する危険性が高くなった。Kは，会社内での成績もよく，いわば自分の努力で勝ち取れるものは勝ち取ってきたという自負を持っていた。ところが，恋愛だけは努力したからといって成就するものではなく，彼女の「つまらない人」という一言にひどく自尊心を傷つけられるとともに，いままでの自分の生き方が土台から崩れていくように感じた。会社での成績も一転して悪化し，最終的には退社

という事態を招いた。その後は、その場しのぎの短絡的な解決方法をとり、それが強盗殺人という事件に結びついたというのがこの犯罪の分析であり、動機の分析ともいえるであろう。

このように犯罪の動機とは、外見的な理解から得られるものではなく、そこにはさまざまな要因が複雑にからみあっているのであり、たとえ行為としての犯罪態様が同じであっても、その動機部分は、1000人の犯罪者がいれば、1000個の動機があるといっても過言ではない。

❸ 動機の分析方法

では、その動機部分を明らかにする方法はどのようなものがあるのであろうか。その代表的なものが**面接法**である。面接とよく混同されるのが被疑者段階での**取り調べ**である。取り調べとは時系列的に事実を把握し、その犯罪に至るまでの過程を正確に記録するものである。もちろん、動機部分の調査もあるが、心理的な変化よりも事実の検証・確認に多くが費やされるのは、その後の裁判維持にとって当然の要求である。他方、心理学的な面接は、事実も重視する一方、その対象者の主観を査定（アセスメント）することを重んじている。たとえば、❶のKの場合、事実としては、一流企業に就職した人生の成功者であるが、その実、Kは自分の能力に自信が乏しく、それを補償する（補う）ために、真摯な努力を重ねてよい成績をとってきた。事実としては、成功者であっても、それがその人にとっては単なる結果にすぎなかったという、心理的な背景を知らないと、この犯罪の重要な点は語れない。このように、犯罪を犯した当事者の主観を考察の対象とし、動機部分を掘り下げていく作業こそ、犯罪心理学に求められた役割である。

3節 犯罪と性格

❶ 性格の二面性

犯罪者特有の性格はあるのであろうか。古くから犯罪に興味を持つ研究者

は，犯罪者の**性格の類型化**を試みようと努力を重ねてきた。たとえば，**シュナイダー**（Schneider, K., 1943）は，精神病質という犯罪と親和性の高い性格の類型化をはかり，「意志薄弱」「爆発性」「自己顕示性」等の10の類型を提唱した。しかし，いまだかつて，こういう性格であると犯罪者になる，あるいは，犯罪者の性格はこうである，という決定的な類型はできていないし，今後もできないであろう。

　性格とは二面性を持っている。つまり，ある性格は，その人の長所でもあり，短所ともなりうるのである。たとえば「明るく，誰とでもうちとけられる」というポジティブな性格特性は，「調子に乗りやすく，他者に迎合しやすい」というネガティブな性格特性と表裏の関係にある。犯罪を分析する際，よくこのネガティブな性格特性に注目し，さも「こういう性格であったから，こういった犯罪を犯した」という説明を行いやすい。しかし，これは大きく間違っている。たとえば2節❶のKの場合，社会生活を送るうえでの成功者としての性格特性は，「何ごとにも努力を惜しまず，積極的にかかわっていき，結果を出すまであきらめない」という特性で記述されるが，犯罪者としてのKは「みえっぱりで執着心が強く，自分の能力に自信が乏しいことを他者から悟られることを嫌う」という特性が記述される。犯罪者は，常に犯罪者であるわけではなく，また，現時点で犯罪者でない人も，過去に犯罪者であったり，将来犯罪者になることを完全に否定することはできない。とすると，その時々の置かれた状況によって，その人の性格記述を変えることは非常に陳腐なことである。

　性格とは一貫しているように見えて，実はあまり一貫していない。「明るい人」はいつも明るいわけではなく，「明るい人」でも「落ち込んでいる」ことはあるし，「おおらかな人」が「怒っている」こともある。つまり，その人がおおむねどのようであるかという最大公約数が性格の記述であり，その性格と犯罪との関係をどのように分析するかが犯罪心理学に求められる大きな役割である。

2 ステレオタイプな性格理解

さて，犯罪心理学上の性格記述のなかで，**共感性**（他者の気持ちや感情を正確に推測できるか）という言葉は非常に用いられる頻度が高い。他者を思いやる気持ちの一つとして非常にポジティブな響きのある言葉であり，学校教育や矯正教育（おもには少年院等で行われている教育）の現場でその教育目標として，利用されることが多い。

犯罪は，頭のなかで考えているぶんには犯罪ではない。つまり，何か欲しいものがあった際，それを盗んで手に入れようと思うことは個々人の自由であり，それ自体はとがめられることではない。しかし，それを行動化したら，ただちに犯罪者として警察に捕まるであろう。この心のなかで思うことと，行動化とのあいだで重要な役割をしているのが共感性である。しかし，犯罪者の共感性が一様に低いかというと，そうとはいえない研究結果（出口，1993）がある。この結果は，**応用心理学**としての犯罪心理学を学ぶうえで非常に重要な示唆を与えている。すなわち，**ステレオタイプ**な性格理解は犯罪心理学ではまったく意味がないということを証明していると考えられる。

筆者は，犯罪心理学の実務家として，日々犯罪者との面接を繰り返すなかで，疑問に思ったことがある。それは凶悪な犯罪者であっても，常に誰彼かまわず人をおそうようなことはないし，自己中心的なわけでもない。たとえば次の事例は，凶悪犯罪者の典型ともいえる。

3 事例 II

Yは，ある指定暴力団の幹部であり，若い頃から「喧嘩のY」と呼ばれ，何ごとも力づくでことを解決しなければ気がすまないタイプであった。些細な暴力事件を頻発しては刑務所に収容され，20歳を過ぎてから社会での生活と刑務所での生活の期間がちょうど同じくらいという刑務所の常連であった。今回の事件は，所属する暴力団の抗争事件にかかわるものであり対立する暴力団組長を短銃で殺害したというものである。Yは，刑務所内でも事故を頻発し，自分の気に入らないことがあると職員であれ，刑務所仲間であれ，

誰彼なく暴力を振るうことで有名であった。そこで，カウンセリングをかねた面接を継続的に行うことになったが，面接室に入ると，そこには穏和な笑顔をしたYが座っていた。何か拍子抜けしたものの，その後の面接のなかで多少なりとも刺激すると，やおら表情が険しくなり，攻撃的になるなど，易怒性（怒りっぽさ）が顕著なことは確かであった。こんなYも，話が母親のことに及ぶと，目に涙をためて，「体が悪いので，一人暮らしが心配である」「毎回刑務所から出所するときは引受人になってくれるし，面会にも来てくれる」と切々と訴えた。他者に対するやさしい気持ちや，思いやる気持ちが十分感じられ，それと実生活での攻撃行動（これが事件につながっている）との乖離がはなはだしいタイプの受刑者であった。

❹ 共 感 性

このケースを担当してから，犯罪者といえども，性格心理学でいう共感性は決して低くはないのではないかという仮説をもとに，筆者の研究ははじまった。そこで，筆者は，犯罪者を，殺人・強姦等の犯罪を犯した暴力犯罪者群，窃盗・詐欺等の犯罪を犯した非暴力犯罪者群に分け，これらと犯罪者ではない非犯罪者群の3群について，共感性の違いを見る研究を行った。この研究の仮説は，「共感性が劣っているからこそ，被害者の気持ちを理解しようとせず犯罪を犯すのだ」という通説的なものとし，「犯罪者のほうが非犯罪者より共感性が劣っている」「犯罪者のなかでも被害者に直接暴力を振るう暴力犯罪者のほうが非暴力犯罪者より共感性が劣っている」という2点を検証することにした。

その結果は，最も共感性が高かったのが暴力犯罪者群，次に共感性が高かったのが非暴力犯罪者群，最も共感性が低かったのが非犯罪群というように，仮説とまったく逆行するものになった。この結果の解釈はさまざまであるが，ここで重要なのが，犯罪心理学に他の領域の心理学の結果を短絡的に導入することの危険性である。先ほどから述べているように，犯罪心理学は応用心理学であるが，その応用を間違うと，まったく意味のない結果を導き出して

しまう。

4節　非　　行

1　非行少年の定義

非行少年とはどのような少年を指すのであろうか。わが国には**少年法**という法律があり，そこでは次の3種類を定義にしている。

①犯罪少年　　14歳以上20歳未満で，刑法や刑罰法令を犯した少年。
②触法少年　　14歳未満で，刑罰法令を犯した少年。
③ぐ犯少年　　20歳未満で(イ)から(ニ)に掲げる事由があって，その性格あるいは環境に照らして将来罪を犯し，または刑罰法令に触れるおそれのある少年。(イ)保護者の正当な監督に服しない性癖があること，(ロ)正当な理由がなく家庭に寄りつかないこと，(ハ)犯罪性のある人もしくは不道徳な人と交際し，またはいかがわしい場所に出入りすること，(ニ)自己または他人の徳性を害する行為をする性癖のあること。

①および②については何らかの刑法や刑罰法令に抵触する行為を行っているが，③については，触れるおそれのあるだけでも，家庭裁判所の審判に付されることとなる。これがわが国の少年法の特徴であり，少年の**健全育成**を念頭に置き，必要な場合には，法に触れるおそれのある段階でも国家の介入を認めている。

2　非行少年の分析

さて，この非行少年に対する犯罪心理学からのアプローチはどのようなものであろうか。一般に少年は可塑性に富んでいる，つまり，未成熟であるので，さまざまなできごとから影響を受けて変わってしまうといわれている。その可塑性がどのようなものであるかを分析するのが犯罪心理学の役割である。たとえば，少年の場合，家庭環境の変化や，友人関係の変化によって，簡単に非行少年になったり，そこから立ち直ったりする。次の事例はその象

徴的なものである。

❸ 事 例 Ⅲ

　N子はどこにでもいる女子高生であり，一応は進学校に籍を置き，将来は大学に進学し，経済の勉強をしようという漠然とした目標もあった。非行らしい非行もなく，興味本位でたばこを吸ったことはあったが，シンナーや覚醒剤などの薬物にはまったく興味がなく，恐ろしいものという認識さえ持っていた。そんな彼女の転機は男性との交際にあった。彼氏は，小学校時代の同級生で，通学するバスで偶然一緒になり，話が盛り上がって，遊ぶようになるうちに交際がはじまった。最初のうちはやさしくて，頼りがいのある彼であり，N子はあっという間にのめり込んでいった。しかし，彼氏は徐々に横暴になり，N子に暴力を振るったり，金をせびるようになった。N子は何度も別れようと思ったが，別れ話を切り出すと彼氏はやさしくなり，ずるずると交際を続けてしまった。そのうちN子は妊娠し，親にも打ち明けられずにそっと堕胎した後は，自棄的になり，学校にも行かなくなった。一時でも現実逃避をはかる手段として，シンナー遊びを覚え，それが高じて，覚醒剤にも手を出していった。薬物を購入する資金は援助交際で得るようになり，最終的には高校を中退し，少年鑑別所に収容されたうえ，家庭裁判所で少年院送致決定が下された。

❹ 非行の一般化

　さて，最近の少年非行は，一般化されているといわれる。それは，ごくふつうの（ふつうに見える）少年が，たいした抵抗感を持つこともなく非行に走ってるさまを表しているということらしい。たとえば，事例で示したN子も最初は非行にどちらかというと抵抗感があり，まさか自分が非行少年になるという予測は持っていなかったであろう。以前の非行少年は，生い立ちからして暗く，なるべくしてなった者が多かったような気がするが，現在は時代が変わっている。ごく一般家庭の子女が非行に走るようになっており，それ

を非行のボーダレス化と呼ぶ研究者もいるくらいである。

現代は**援助交際**に代表されるように，売春という非行・犯罪にあらたな名前をつけることによって，まるで非行・犯罪ではないかに思わせ，いっそう非行を助長させている時代である。つまり，「これは非行ではない」というような合理化を最初からしたうえで非行に走るという，いままでとは異なる種類の非行が多くなっている。

以前は，非行少年というと，「突っ張り」であったり，「チーマー系」であったり，外見からして「不良」というイメージを人に与えるような格好をしていた。それが，非行少年の**自己顕示欲**（目立ちたいという気持ち）を満足させていた。その一方で，少年期から窃盗を繰り返す者のように，**非社会的**（社会的，対人的接触を避けやすいこと）で，自らの欲求充足だけに目が向きやすい少年がいた。しかし，現在は，このどちらにも属さないような非行少年があふれてきており，いままでの非行理論で解釈することが難しい事例も増えてきている。兵庫県で起きた小学生殺害事件や栃木県で起きた女教師刺殺事件など，世の中で少年非行の凶悪化が以前にもまして注目されている。

現代の少年非行で特徴的であるのが，いわゆる「キレる」という言葉に代表される一見突発的に行われる粗暴非行である。あなたも一度や二度は「キレた」ことがあるのでないだろうか。ただし，それがたとえば人にけがをさせる，ましてや殺すということにはつながっていないはずである。「キレる」というのは，不可解な行動を解釈する際に非常に都合がよく便利な言葉として使われており，心理学的にはほとんど意味をなさない言葉である。

非行というのは一つの行動であり，それには必ずや準備段階がある。その準備段階の分析を行うのが犯罪心理学である。つまり，いきなり「キレて」突発的な非行に走るなどということはありえず，そこに2節で述べた動機部分の解析が求められるのである。

（注：紹介した事例は，事実に基づいている部分もあるが，決して実在の人物ではなく，すべて架空の事例であることをお断りしておく）

例題

次の質問に「はい」「いいえ」のどちらかに○をつけなさい。
(1) 老人が襲撃される危険性は最も多い。　　　　　　　　　はい・いいえ
(2) 精神病者は典型的に内気で抑うつ的である。　　　　　はい・いいえ
(3) 強姦の被害者のほとんどは加害者と顔見知りである。　はい・いいえ
(4) 強盗にあう機会は，精神病患者として入院する機会より少ない。
　　　　　　　　　　　　　　　　　　　　　　　　　　　　　　　　　はい・いいえ
(5) 強盗犯人のほとんどは凶器を持っている。　　　　　　　はい・いいえ
(6) 犯罪の大部分が通報されていない。　　　　　　　　　　はい・いいえ
(7) 万引き防止の表示は万引きをますます助長させる。　　はい・いいえ

この研究はイギリスの研究者ニコルソンとルーカス (Nicholson J. & Lucas, M., 1984) が行った調査である。これらの質問に対する誤答率（間違った率）は50％を超えており，どれだけ一般の人の犯罪に対する認識が間違っているかを理解する絶好の資料である。あなたも，犯罪心理学を学ぶうえで，自分の認識をまず疑ってみることからはじめることが必要である。

（答え：(1)いいえ，(2)いいえ，(3)はい，(4)はい，(5)いいえ，(6)はい，(7)はい）

引用文献

Deguchi, Y. 1993 A study on empathy of offenders. *American Society Criminology 1993 Annual Proceedings*, p. 170.

Nicholson, J. & Lucas, M. 1984 *All in the mind : Psychology in action*. London : Methuen.

Furnham, A. 1988 *Lay theories : Everyday understanding of problems in the social sciences*. Oxford ; Tokyo : Pergamon Press. 細江達郎監訳 1992 『しろうと理論―日常性の社会心理学―』北大路書房

Schneider, K. 1943 *Die psychopatischen Persönlichkeiten*. 懸田克躬・鰭崎轍訳 1954 『精神病質人格』みすず書房

参考文献

金子尚弘・神田信彦・倉澤寿之　1998　『最後まで読める心理学』ブレーン出版

水田恵三ほか　1994　『犯罪・非行の社会心理学』（初版第2刷）ブレーン出版

麦島文夫・安香宏・森武夫　1987　『心理学要論』新版　有斐閣双書

高橋良彰　1999　『新犯罪社会心理学』学文社

コラム

拘禁反応

　人間は，かたちはどうであれ，自由を制限されることほどストレスが蓄積されることはない。もちろん，学校に行くことや，仕事をすることも自由を制限されていることには変わりはないので，それなりのストレスにはなるが，他方，そこで得ることも多いので，ストレスが中和されている。

　しかし，拘禁されることとは，狭義では何らかの非行や犯罪を犯し，法律によって強制的に施設（少年院や刑務所等）に収容されることをいい，そこには本人が望んで入るということは基本的にはない。つまり，強制的に自由が制限されるわけであり，そのぶんストレスが高い状況に置かれ続けることになる。そうするなかで，心理的な不調が現れるのが拘禁反応である。

　心の問題としてとらえると，いらいらがつのり，興奮状態（ヒステリー状態）に陥ったり，逆に感情が鈍磨し何ごとにも感情的に反応しなくなる，つまり，笑う，泣く，怒る，喜ぶなどの反応が少なくなる等の精神症状が出ることがある。

薬物乱用

　わが国で問題とされている薬物は，少年では有機溶剤（いわゆるシンナー），成人では覚醒剤である。有機溶剤は，比較的入手しやすいことに加え，金銭的な負担も大きくないなど，少年が薬物に手を染める際の導入的な役割を果たしている。有機溶剤の吸入により，幻覚を見たり，一時的にでも現実からの逃避ができることなどが少年にとって魅力となっており，継続的・反復的な乱用が行われている。しかし，有機溶剤吸入は心理的な依存や習慣性があり，吸引するたびに確実に心身を破壊していくことがわかっており，体のふるえがとまらなくなったり，精神病にも似た症状を呈し，日常生活を送れなくなるなどの結果を招く。一方，覚醒剤とは，眠気を覚まし，疲労感をぬぐい去るという薬理効果があるため，第二次世界大戦時などは，管理統制下，軍需工場等で薬として使用される時期もあった。しかし，その後，習慣性のあることや，幻覚，妄想という害があることが社会問題となり，犯罪にもつながっていくようになった。最近では，大人だけではなく，少年のあいだでも，一種の流行物のように覚醒剤乱用が進んでいる。覚醒剤を使用すると幻覚や妄想が出ることが多く，実際には無関係の人に対して攻撃行動をとるというような事件が多く見られるし，精神病を引き起こし，社会復帰ができなくなるおそれも高い。

13章

産業心理学

1節　産業心理学とは

1 労働の心理学

　たいていの人は生きるために働かなければならない。この本の大多数の読者である大学生諸君も，多くは卒業して就職するだろう。なかには家業を継ぐ人も，事業を興す人も，アルバイト生活をする人も，専業主婦になる人もいるだろうが，「働く」あるいは「仕事をする」という点に変わりはない。日本人の大半は，人生の2分の1ないし4分の3の期間，何らかの労働に従事する。産業心理学 (industrial psychology) は，まず第1に，働くこと，働く人，および働く場に関する心理学である。

　仕事にもいろいろあるが，20世紀はじめの産業心理学がはじまった時代には，その関心はおもに工具，女工，れんが積み職人，電話交換手らの仕事であった。工場で，労働者をどのように選抜するか，どのように訓練するか，どのようにしたら能率よく働かせられるかというような問題に心理学者が取り組み，経営者に助言を与えたのである。疲労，単調感，作業環境などの測定と，それらが作業成績や心身に与える影響を研究して，劣悪な労働条件の改善に貢献した心理学研究もある。

　現在，日本や欧米諸国では第一次，第二次産業で働く人の割合が小さくな

り，第三次産業や情報関連産業（第四次産業）で働く人が多くなった。工場も自動化，コンピュータ化が進んで，仕事の質も，働く人の特性も，以前とは大きく変わった。このような産業構造の変化にともなって，産業心理学のフィールドも，さまざまな業種，職種へと広がっている。

産業心理学のこの側面は経営工学，人間工学と重なる領域を持っている。

2 作業から組織行動へ

「産業・組織心理学会」というのが日本の産業心理学を代表する学会の名称であり，1985年に設立された。英語名は Japan Association of Industrial/Organizational Psychology である。アメリカ心理学会の Industrial Psychology 部門も，1970年に Industrial/Organizational Psychology 部門と改名されている。なぜ「組織」が入ったのかというと，上記の産業構造の変化により，作業や労働そのものの研究よりも，人が企業，組織のなかでどのように行動するか，組織のなかの人と人のかかわり，上司と部下の関係，組織の意思決定などに社会的ニーズも研究者の興味もシフトしたからである。いわば，ブルーカラーの心理学からホワイトカラーの心理学への変化である。産業心理学のこの領域は，対人関係，グループ・ダイナミクス，リーダーシップなど社会心理学の研究テーマや，人事労務管理など経営学の分野と重なる部分も多い。

3 消費者，生活者も

ドイツからアメリカに渡ったミュンスターベルグ（Münsterberg, H.）が産業心理学の創始者といわれているが，彼は早くも1910年代に広告，販売，購買などに関する心理学研究について論じている。産業心理学は誕生の当初から，企業のなかの労働，人，組織を研究するだけでなく，企業が商品やサービスを提供する相手をも研究対象としたのである。この人々を，店に入ってきた買い物客や，どの車を買うか考えながら広告を読み比べている人ととらえるなら，「消費者」と呼んで，その行動特性が研究されよう。その結果，

13章 産業心理学

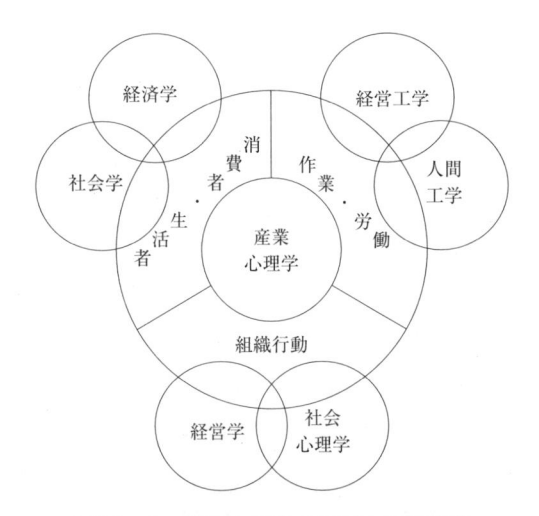

図13-1　産業心理学の領域と関連学問

誘目性の高い商品パッケージや効果的な広告戦略が提案されるかもしれない。しかし，人は消費者になる前に生活者であって，それぞれの仕事，考え，嗜好，趣味，ライフスタイルを持って暮らしているのである。企業が彼らを消費者に変えるにはどのように働きかければよいかを知りたいなら，生活者の行動・心理を知る必要がある。産業心理学のこの領域は，企業の潜在的顧客である消費者，生活者の行動を分析し，商品やサービスの開発や販売，企業イメージの創造や改善などに役立てようとする分野で，経済学や社会学と近い関係にある。

以上述べた産業心理学の三つのおもな領域と，関連する他分野の学問を図13-1に示す。

2節　作業の能率と安全

❶ 作業研究

ドイツでミュンスターベルグが最初の産業心理学の本を書いたのと同じ頃，

アメリカではテイラー (Taylor, F. W.) が**科学的管理法**を唱え, 産業界に大きなインパクトを与えた。彼は, ストップウォッチで作業の要素動作（ネジをとる, ドライバーを持つ, ネジをネジ穴にあてる, ドライバーでネジを締める, など）に要する時間を細かく計測し, 徹底的に無駄な動作を排除するとともに, 最速, 最善の方法を見出そうとした。そして, 熟練労働者が最善の方法で行った作業時間に基づく標準作業量を, 賃金計算の基礎とするよう提案した。科学的管理法は作業能率の向上に著しい貢献をした。

一方, ギルブレス夫妻 (Gilbreth, F. B. & Gilbreth, L. M.) は作業動作の分析法を開発し, 作業に含まれる要素動作の種類の削減, 統合, 円滑化による疲労の低減と動作の効率化をはかった。彼らの考えは**動作経済の原則**と呼ばれている。

テイラーやギルブレスらによってはじめられた作業分析は, ビデオカメラやコンピュータなどの新しい分析機器を用いて現在も広く行われている。おもには生産管理を目的とするインダストリアル・エンジニア (IE) の仕事であるが, 測定された作業（時間や動作）と, 別の心理学的調査や尺度で得られた変数の関係を調べることによって, さまざまな産業心理学的研究に役立てることも可能である。例としてベルトコンベアによる作業時間規制に対する作業者の反応を分析した向井希宏 (1981) や, 保母の昼夜の勤務内容を調査した越河六郎 (1992) などの論文を参照されたい。

2 労働災害と産業事故

簡単にいえば, 労働災害（労災）とは仕事中にけがをすることである。日本では毎年2000人もの人々が労働災害で命を落としている。4日以上けがで仕事を休んだ場合（休業4日以上の労働災害という）は, 1年間に15万件にものぼる（図13-2）。産業現場の事故は, 本人や同僚の労災につながるだけでなく, 航空機事故, 鉄道事故, 化学プラント事故, 原子力発電所事故など, 乗客や近隣住民, 環境等に深刻な被害をもたらす場合もある。これら事故・災害の多くは, 人間の行動や操作に関連して起きたもので, 錯覚, 勘違い,

13章　産業心理学

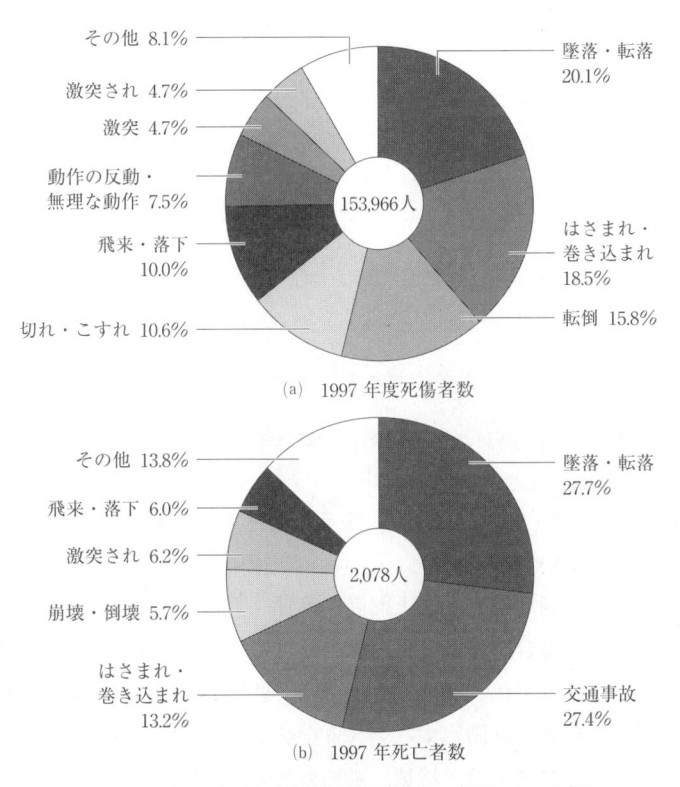

図13-2 事故の型別労働災害発生状況（全産業）
（労働省労働基準局，1999）

(a) 1997年度死傷者数　153,966人
- 墜落・転落 20.1%
- はさまれ・巻き込まれ 18.5%
- 転倒 15.8%
- 切れ・こすれ 10.6%
- 飛来・落下 10.0%
- 動作の反動・無理な動作 7.5%
- 激突 4.7%
- 激突され 4.7%
- その他 8.1%

(b) 1997年死亡者数　2,078人
- 墜落・転落 27.7%
- 交通事故 27.4%
- はさまれ・巻き込まれ 13.2%
- 崩壊・倒壊 5.7%
- 激突され 6.2%
- 飛来・落下 6.0%
- その他 13.8%

思いこみ，違反など，心理学的アプローチが有効と思われる要因が数多くある。

　人と機械が生産やサービス提供を目的としたシステムを構成しているときに（現代の産業社会ではほとんどの職場がそうである），システムの機能や安全性を阻害するような人間の行動や決定を**ヒューマン・エラー**（human error）と呼ぶ。ヒューマン・エラーの分析と，対策の提案は産業心理学の重要な課題である。

　一般にヒューマン・エラーの対策は四つのM，すなわち，マン（Man），マ

II部　応用心理学

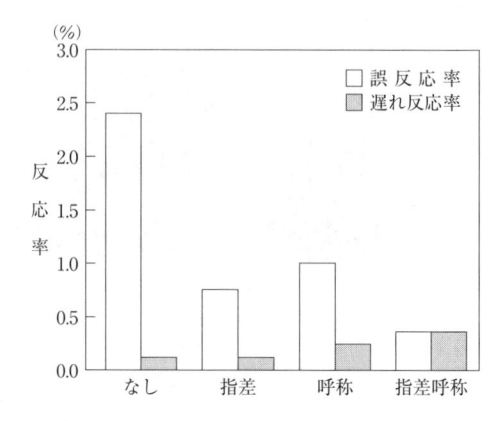

図13-3　指差呼称のエラー防止効果（芳賀・赤塚・白戸，1996）

シン（Machine），メディア（Media），マネージメント（Management）を考えなければならないといわれている。

　マン対策には，適性検査，適正配置，教育，訓練などがある。たとえば適性検査を実施する場合，作業分析，職務分析によって作業者に求められる心身の特性（たとえばすぐれた空間認知能力，単調作業への耐性，標準程度の協調性など）を明らかにし，それらを測定するテストを選定または開発する。

　マシン対策としては道具，機械，設備の設計，改良があげられる。人間工学や認知工学の原理を応用して，働きやすく，疲労しにくいデザイン，エラーをしにくいデザイン，エラーをしても事故になりにくいデザイン，人間の自然な認知に整合するようなデザインや操作方法を提案することができる。

　メディアとは，ここではマンとマシンをつなぐ媒介物として，マン・マシン・インターフェイス，表示，マニュアル，チェックリスト，作業方法などを考える。日本の作業現場では，**指差呼称**（ゆびさしこしょう）という作業方法がエラー防止策として広く指導され，実践されている。筆者はJR西日本の依頼で，指差呼称のエラー防止効果を確認するための室内実験を行ったことがある（芳賀・赤塚・白戸，1996）。被験者の作業課題は，パソコン画面に2秒間隔で表示される円の色に対応するキーを素早く押すことである。反応キ

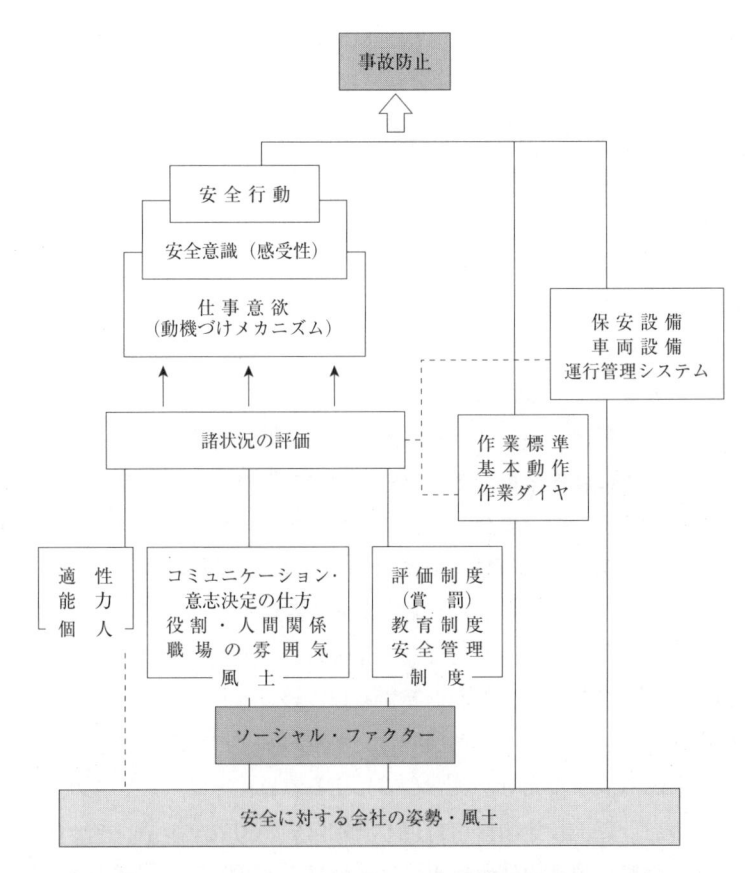

図13-4 事故防止に関係する要因の構造（渡邊，1992）

ーには色はついておらず，色名のラベルが添えられている。画面の表示を指差して，色名を呼称してからキーを押す「指差呼称」条件，指差すだけの「指差」条件，呼称するだけの「呼称」条件，指差も呼称もしない「なし」条件を比較すると，「指差呼称」条件が最もエラーが少なく，「なし」条件が最もエラーが多いことが明らかになった（図13-3）。

　マネージメントとは管理，監督，組織風土などである。従来，ヒューマン・エラーというと個人の失敗に焦点があてられがちであったが，1980年

代の終わり頃から，組織の意思決定や安全風土の重要性が強く認識されるようになった。渡邊忠（1992）はこれをソーシャル・ファクター（図13-4），リーズン（Reason, J., 1997）はオーガニゼイショナル・ファクター（organizational factor）と呼んで，その問題点を抽出，評価する手法や改善する方法を提案している。

3 疲労と作業負担

疲労すると作業能率が落ち，品質が低下し，事故の危険が増える。疲労が翌日までに回復せず，蓄積していくと過労となり，健康を損なう。

作業による疲労は，高い作業負担が時間的に継続すると蓄積されるもので，疲労を防ぐためには作業負担と作業時間のコントロールが必要である。作業が身体的に高負担でない場合，精神的に高負担な場合や作業負荷が低すぎる場合は，精神的疲労，単調感，覚醒水準の低下，心的飽和（うんざりした気持ち）なども蓄積し，やはり作業成績や作業者に悪影響を与える。作業負担には，作業の強度，密度，困難度などの作業負荷のほか，気象条件などの環境や，体力，能力などの個人差も影響する。

疲労の測定手法として，わが国では，主観的訴えを尺度化する「自覚症状しらべ」と，点滅する光点が融合して見える臨界値を測るフリッカー値がよく使われる。一方，身体的作業負担の測定には心拍数やエネルギー代謝率などの生理的指標，精神的作業負担には「NASA-TLX」や「SWAT」などの主観的指標が用いられることが多い。くわしくは芳賀繁（1997）による論説を参照されたい。

4 職場のストレスとメンタルヘルス

学校に通う子どもたち同様，職場で働く人々も現代では強いストレスを受けている。仕事や職場に適応できない，仕事が忙しく，いつも時間に追われている，上司，部下，同僚などとの人間関係がうまくいかない，技術革新のテンポが速く，やっと新しい機器や仕事に慣れたと思った頃には次の新しい

機器や仕事を覚えなければならない，部下や後輩のほうが新しい機器やコンピュータを上手に使いこなせるので立場がない，リストラで専門外の職種に回され苦しい，会社の業績が悪く，いつ馘首されるか心配だ，などなどストレスの種（ストレッサーまたはストレス要因という）はいくらでもある。

ストレスに耐えたり，何らかのかたちで発散したり，まぎらわせたりすることを**ストレス・コーピング**（stress coping）という。ストレス・コーピングが下手な人や，コープしきれないほどの強いストレスを受けた人は，心身にさまざまなストレス症状が現れる。企業は従業員のメンタル・ヘルス（精神的健康）を阻害するような要因をできるだけ取り除き，ストレスをいやすのに役立つような施設や環境（リフレッシュ・ルーム，アスレチックジム，テニスコート，植栽など）を整備するとともに，ストレス症状が出はじめた人が医師やカウンセラーからの援助を早めに受けられるよう，態勢を整えておくべきである。

3節　組織行動

1　ワークモチベーション

人はどのような条件の仕事なら一生懸命に働くのだろう。給料が高い，出来高またはできばえに応じて報酬が与えられる，よい仕事をすればよい評価を受け昇級や昇進につながる，職場が快適である，やりがいがある，仕事の意義が理解できる，自分の能力が発揮できる，自分の趣味に合っているなどなどである。前半の四つは，やる気にさせるものを外から与える**外発的動機づけ**，後半の四つは，本人のなかからやる気のもとが生まれてくる**内発的動機づけ**の例である。

マズロー（Maslow, A. H.）は，人間の欲求は，生理的，安全，所属と愛，自尊，自己実現の5階層からなり，低次の欲求が満たされてはじめてそれより高次の欲求が生まれると考えた（**欲求5段階説**）。貧しい時代や地域には生理的欲求（衣食住）や安全の欲求（安定した地位や収入）のために働くが，先進諸

国の場合にはもっと高次の欲求を満たすような仕事でないと，人々を十分に動機づけられないということになる。

　メイヨー（Mayo, E. G.）らは，1924年から1932年にかけてウェスタン・エレクトリック社のホーソン工場で大規模な産業心理学実験を行った。後に**ホーソン実験**と呼ばれるようになるこの一連の実験研究は，当初，工場内の照明と作業能率の関係を調べるためにはじめられた。ところが，いくら実験を重ねても照明と作業能率とのあいだには関係が認められなかったばかりか，労働時間，休憩時間，賃金支払方法，無料の弁当など，さまざまな外的条件も能率や作業意欲に大きな影響を持つものではなかった。それよりも，管理・監督方式や職場の人間関係などのほうが生産性に深くかかわっていることが明らかになったのである。職場には**非公式集団**（informal group）があり，それに所属する従業員は「働きすぎない」「怠けすぎない」などの暗黙のルールにしたがっていること，心理学者による従業員に対する面接が不平不満の解放につながって職場の雰囲気を良好なものに変え，作業意欲を高めるのに寄与したことなどが報告された。

　ホーソン実験は，ワークモチベーションが物理的，経済的条件よりも社会的条件，組織的要因に強く規定されていることを解明した画期的な研究となった。

2　リーダーシップ

　リーダーの役割を大きく二つに分けると，集団目標を達成するための計画を立てたり，メンバーに指示・命令したりすることと，集団自体のまとまりを維持・強化するために，メンバーの立場を理解し，集団内に友好的な雰囲気をつくりだすことである。三隅二不二（1986）は前者をP（目標達成）機能，後者をM（集団維持）機能と名づけ，リーダーシップのスタイルを両方の機能をともに強く備えたPM型，どちらか片方の機能だけが強いPm型とpM型，どちらの機能も弱いpm型に分類した（図13-5）。そして，PM型リーダーに率いられた職場集団が最も業績がよく，チームワークがすぐれ，メンバ

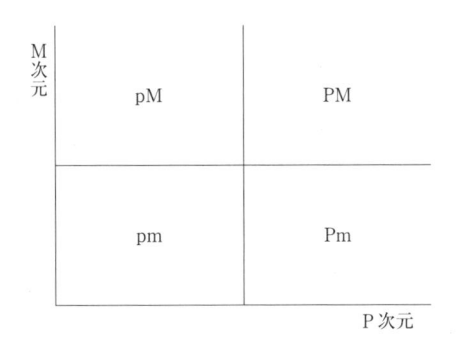

図13-5 リーダーシップの4類型（三隅，1986）

ーの仕事満足度やワーク・モチベーションも高いことを明らかにした（**PM理論**）。

3 職務設計・組織設計

　仕事の受け持ち範囲を横に広げ，一人の人が多様な職務をこなすようにすることを**職務拡大**（job enlargement：JEL），仕事の受け持ち範囲を縦に広げ，一人の人が仕事の流れのなかで上のほうから下のほうまで担当するようにすることを**職務充実**（job enrichment：JER）という。どちらも，仕事の単調さをなくし，組織の歯車の一つにすぎないと感じるような疎外感を解消し，従業員が責任感を持って自律的に働くようになることをねらった施策である。たとえば，職務充実では従来上司が持っていた権限の一部を部下に委譲する。いちいち上司にうかがいを立てて決裁を仰がなくても，かなり重要なことまで自分で決定できるようにするのである。仕事の内容も，専門知識が必要な，やや困難度の高いものとする。職務拡大では，細分化された工程を流れ作業で行っていたものをまとめ，グループ作業にする。これを実践した企業からは，たしかにワークモチベーションが上がり，生産性が高まったことが報告されている（たとえば，大野〔1973〕参照）。

　このような職務内容の改革だけでなく，従来型の縦割り組織，ピラミッド

型組織を改革する動きも近年さかんである。○○部○○課○○係というような職掌内容を表す組織名に変わって，第3課とかBチームといった数字や記号を組織名につけるのは，セクショナリズムの弊害をなくし，硬直し，沈滞しがちな組織をダイナミックで時代の変化に合わせやすいものに変える試みの一つである。

たとえばある研究機関では，材料研究室，車両研究室というような名称を廃して，山田研究室，山本研究室というような，リーダーの個人名を冠した組織に変更した。リーダーが辞めたり，転勤したりした場合には，原則としていったん研究室を解散し，メンバーは別のリーダーの下に移る。新しいリーダーが誕生するときには新しいメンバーが他の研究室や解散した研究室から集められる。このような研究室組織とは別に，あるテーマについて期間を限って研究するプロジェクトチームが，異なる分野の研究室メンバーによって編成される。

このような新しい組織設計のアイディアやその有用性，運営上の問題点，働く人にとっての功罪などが産業心理学の研究テーマとなる。また，近年急速に普及した電子メールやインターネット，イントラネットが組織の意思決定や人間関係に与えるインパクトについての研究も注目される。

4 ヒューマン・リソース・マネジメント

労務管理，人事管理というような言葉にかわって，ヒューマン・リソース・マネジメント（human resource management : HRM）という概念が普及しつつある。従業員は上から管理されるだけの存在ではなく，企業にとって大切な「人的資源」であり，各自がその能力を存分に発揮できるか否かが組織発展の鍵となる。そうできるようマネジメントすることが企業にとって重要であるという考え方である。

新入社員が昇進する，あるいはさまざまな職種やポストを経験する道筋をキャリア・パス（career path）という。たとえば鉄道会社の大卒技術系社員（機械工学専攻）の場合，図13-6に示すようなパターンが想定できる。このよ

```
        工場長                    研究所車両研究室長
         ↑                              ↑
    工場の生産管理部長          本社の車両整備システム改革
         ↑                     プロジェクトのリーダー
   工場の部品部門の職場長                  ↑
         ↑                    研究所車両研究室主任技師
    本社の車両部課長補佐                   ↑
         ↑                    本社の新型車両開発プロジェクトの
     支社の車両部係長                   メンバー
         ↑                              ↑
    工場の設備管理部門係長         研究所車両研究室技師
         ↑                              ↑
    工場の設備管理部門主任         工場の設計管理部門主任
         ↑                              ↑
     本社の車両部勤務              車両メーカー出向
         ↑                              ↑
 車両整備工場の電車整備部門配属    本社の車両部勤務
                                        ↑
                              車両整備工場の電車整備部門配属
```

　(a) ライン（総合職）パターン　　(b) スタッフ（専門職）パターン

図13-6　鉄道会社における大卒技術系社員のキャリア・パスの例

うなキャリア・パスを上司（あるいは人事部門）と本人が話し合って計画し，定期的にこれまでのキャリアを振り返り，将来のキャリアに必要な能力とそれを得るために必要な努力を確認する，必要があれば計画を変更するというようなHRM手法をキャリア・ディベロプメント・プログラム（career development : CDP）という。

　なお，ライン部門とスタッフ部門に向く人格特性や行動の特徴は山田雄一（1987）が比較検討したうえ，わかりやすく解説しているので参照されたい。

4節　消費者行動

❶　マーケティング

　現代の先進国の市場にはものがあふれている。企業が生き残るためには人々が欲しいと思うものやサービスをつくるか，つくったものやサービスを人々に欲しいと思わせなければならない。人々が何を欲しがっているのか，何をつくれば売れるのか，値段はいくらなら買ってもらえるのか，どう宣伝

II部 応用心理学

製品選択への影響

	弱い	強い
ブランド選択への影響 強い	**必需品**（パブリック） 腕時計 車 紳士服 など	**ぜいたく品**（パブリック） ゴルフクラブ スキー用具 ヨット など
ブランド選択への影響 弱い	**必需品**（プライベート） マットレス フロアランプ 冷蔵庫 など	**ぜいたく品**（プライベート） テレビゲーム ゴミ圧縮機 製氷機 など

図13-7 準拠集団の購買決定への影響（Bearden & Etzel, 1982）

（あるいは説明，売り込み，陳列，パッケージ）すれば効果的なのかなどを調べることが**市場調査**（marketing research）である。調べるだけでなく，調査結果に基づいて商品を企画し，販売戦略を立てて実行し，**顧客満足度**（customer satisfaction : CS）を測り企画にフィードバックするプロセス全体をマーケティングという。現代人の欲求が生理的なものよりも，心理的な要素で決まるのであるから，マーケティングは多分に心理学的仕事となる。

心理学的要素の一例として**準拠集団**（reference group）への同調と，準拠集団からの承認をあげることができる。消費者にとっての準拠集団は，自分が所属し，アイデンティティを持っている公式・非公式の集団であったり，テレビや雑誌でしか知らない憧れの人々であったりする。

先日，新聞に「シロガネーゼ」なる言葉が紹介されていた。なんでも，東京都港区白金に住む30代の裕福な奥様で，上品なイタリアン・ブランドに身を包んでいるらしい。しかし，記者が一日中現地を歩き回って見つけたそれらしい女性はたった一人だったという。ファッション雑誌がつくりあげた一種の虚構的ステレオタイプなのだろう。それでも，「シロガネーゼ」に憧れ，自分もそのようでありたいと考える女性は，テレビや雑誌で紹介される

13章　産業心理学

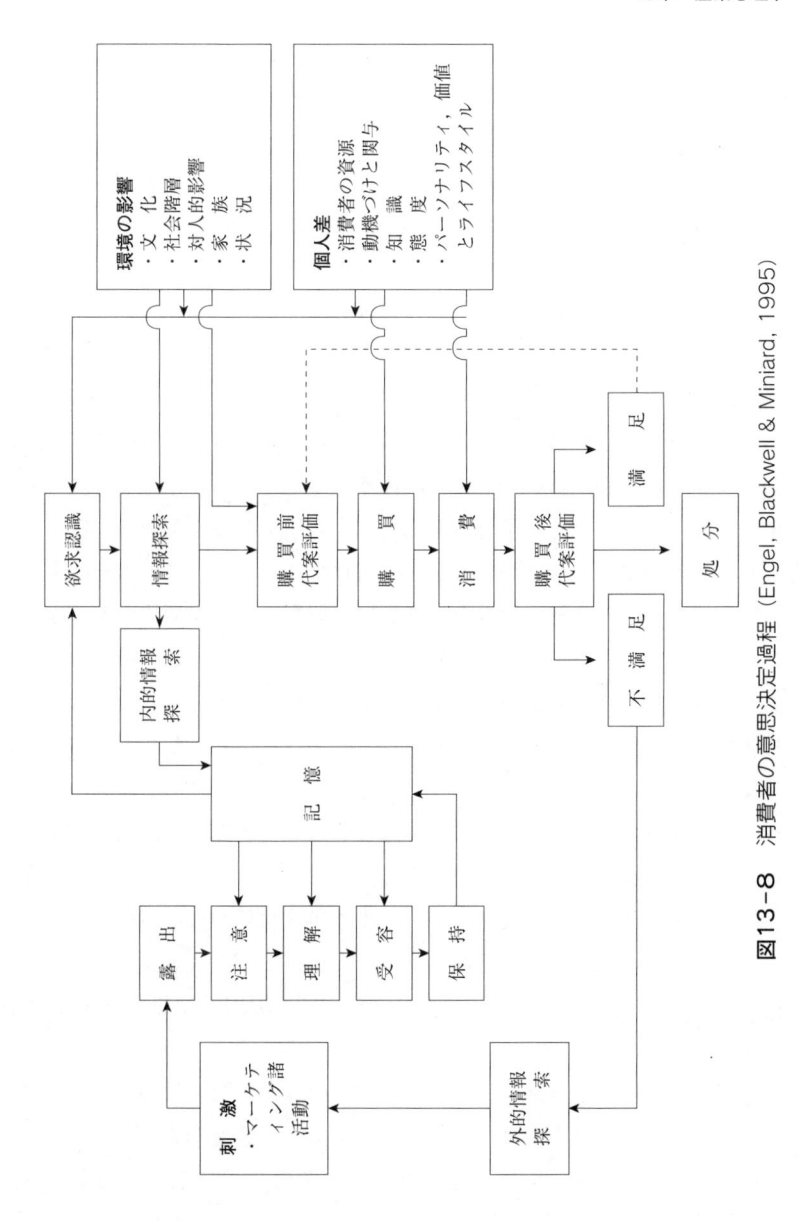

図13-8　消費者の意思決定過程（Engel, Blackwell & Miniard, 1995）

シロガネーゼが好きなブランドの服を買い，シロガネーゼが好むアクセサリーを身につけ，シロガネーゼが集まるというレストランに食事に行くのである。

購買決定の際に準拠集団の影響がどの程度強いかを，商品の種類別に見たものが図13-7である。人前で着たり使ったりするものや贅沢品を買う場合に準拠集団の影響が強いことがわかる。乗用車のコマーシャルに，乗り手のライフスタイルを意識したものが多いのはそのせいだろう。

2 購買行動

パソコンを買うときのことを考えてみよう。そもそもパソコンを買うか買わないかの意思決定からはじまって，買うならどのくらいの金額を使うのか，貯金の残高だけではなく，予想されるパソコン使用頻度や利便性，自分の生活にとってのパソコンの重要性などから概算するだろう。この予算は，後のステップで変更される可能性もある。次に，デスクトップ型にするのかノート型にするのか，ノート型ならどのくらいのサイズのものか，使用方法や使用場所などのことを考えて決める。次にメーカーをどこにするか，技術やサービスに対する信頼性，ブランドイメージ等からしぼり込む。そしてカタログを集めたり店に足を運んだりして，性能や，デザインや，値段を調べるだろう。この過程でメーカーと機種がさらにしぼり込まれる。購入する店を決めるのも重要である。A店は値引率が大きいがアフターサービスが悪そうだ，B店は近くて便利だが品揃えが悪い，C店は店員が親切にいろいろ教えてくれたなどの点を考慮して，最終的に購入する機種と店を決定する。このような消費者の意思決定プロセスと，そこに働く影響要因を記述したのが**EBMモデル**（Engel, Blackwell, & Miniard, 1995）である（図13-8）。

消費者行動への心理学的アプローチは，このほか，購入後の満足・不満足の規定因，消費への動機づけ，商品やブランドへの態度形成と態度変容など，非常に幅広く多様である。くわしくは，杉本徹雄（1997）による好著を参照されたい。

> **例題**
>
> 1 日常生活で使う道具や機械にどのようなエラー防止対策が施されているかを調査しよう。
> 2 10～20本のテレビコマーシャルをとりあげ，それぞれがどのような準拠集団に向けてどのようなねらいのメッセージを発信しているのか分析しよう。

引用文献

赤塚肇・芳賀繁・楠神健・井上貴文 1998 「質問紙法による不安全行動の個人差の分析」『産業・組織心理学研究』11(1), 71-82.

Bearden, W. O. & Etzel, M. J. 1982 Reference group influence on product and brand purchase decisions. *Journal of Consumer Research*, 9, 183-194.

Engel, J. F., Blackwell, R. D. & Miniard, P. W. 1995 *Consumer behavior*, 8th ed. Fort Worth : Dryden Press.

芳賀繁 1993 「リスク・ホメオスタシス説―論争史の解説と展望―」『交通心理学研究』9(1), 1-10.

芳賀繁 1997 「ワークロード」『産業・組織心理学研究』10(2), 111-119.

芳賀繁・赤塚肇・白戸宏明 1996 「『指差呼称』のエラー防止効果の室内実験による検証」『産業・組織心理学研究』9(2), 107-114.

越河六郎 1992 『保育と労働―保母の仕事の性格をさぐる―』(労働科学叢書60) 改訂版 労働科学研究所出版部

三隅二不二 1986 『リーダーシップの科学―指導力の科学的診断法―』講談社ブルーバックス

向井希宏 1981 「規制作業における作業者の行動特性について」『労働科学』57(10), 505-513.

新見暁子・石川隆行・田中英一・内山伊知郎 1997 「母親のしつけが子どもの交通に関わる罪悪感形式に及ぼす影響」『交通心理学研究』13(1), 15-23.

大野勲 1973 「単調感を救い，能率を向上させる作業方法と管理方式」『労働の科学』28(8), 32-37.

Reason, J. 1997 *Managing the risks of organizational accidents*. England ; USA : Ashgate.

労働省労働基準局編 1999 『安全の指標（平成11年度）』中央労働災害防止協会

杉本徹雄編著　1997　『消費者理解のための心理学』福村出版
山田雄一　1987　『ラインとスタッフ』講談社現代新書
吉川聡一・高木修　1998　「プロトコル法による運転行動の意思決定過程の研究」『社会心理学研究』14(1), 31-42
吉田信彌　1995　「シートベルト着用者と非着用者の交差点行動の比較」『国際交通安全学会誌』21(1), 38-46.
渡邊忠　1992　「事故のソーシャル・ファクターを探る」『RRR』1992年6月号　鉄道総合技術研究所　pp. 27-32.
Wilde, G. J. S.　1982　The theory of risk homeostasis : Implications for safety and health. *Risk Analysis*, **2**, 209-225.
Wilde, G. J. S.　1994　*Target Risk*. Toronto, Canada : PDE Publications.

参考文献

正田亘　1992　『産業・組織心理学』恒星社厚生閣
向井希宏・蓮花一己編著　1999　『現代社会の産業心理学』福村出版
齊藤勇・藤森立男編　1994　『経営産業心理学パースペクティブ』誠信書房
杉本徹雄編著　1997　『消費者理解のための心理学』福村出版

コラム

交通心理学

　交通心理学（traffic psychology）は人々の交通行動を研究する心理学の一領域で，交通安全に寄与することを目的とする研究が多い。対象とする交通手段には航空，鉄道，船舶なども含まれるが，大半は自動車を中心とする道路交通である。日本交通心理学会では，大学，企業（貨物運送業等），自動車教習所，警察などに所属する会員が活発に調査・研究活動を行っている。安全をターゲットにしているため，産業安全に関心を持つ産業心理学者との交流もさかんである。

　ある場面（たとえば駅の階段）でリスキーな行動をとる傾向が強い個人は，他の場面（たとえば自動車運転中）でもリスキーにふるまう傾向があることを質問紙調査から明らかにした赤塚肇ら（1998）と，そうではなく，リスク・テイキングは一貫した安全意識からではなく，状況に依存して出現することを運転行動の観察から実証しようとした吉田信彌（1995）の議論，幼稚園児が危険な交通行動（たとえば「太郎君は急いでお誕生会に行く途中でした。太郎君は急いでいたので，信号が赤なのに道路を渡ってしまいました」）に対して感じる罪悪感と母親のしつけとの関係を調査した新見暁子ら（1997）の分析，プロトコル・アナリシスを用いて自動車運転中の意思決定プロセスを解明した吉川聡一・髙木修（1998）の研究など，他の心理学分野や心理学外の分野から見ても興味深い研究が行われている。

　なかでも，自動車メーカーの技術者や交通工学の専門家からとくに注目を集めているのは，カナダの交通心理学者ワイルド（Wilde, G. J. S.）が唱えた「リスク・ホメオスタシス説」（Wilde, 1982；芳賀，1993）である。彼は，人々が知覚したリスク水準を許容しうるリスクの目標値と比較し，両者の差を解消するような行動をとると主張する。そして，人々が選択した行動の長期的な集積が，発生する事故率（頻度と重度の積）をもたらす。この事故率は時間的な遅れを持って人々にフィードバックされ，知覚されるリスク水準に影響を及ぼす。この理論によると，何らかの理由（安全設備，技能訓練など）によって事故率が下がっても，人々の目標リスク水準が下がらない限り，しばらく経つと事故率はもとの水準に戻ってしまうことになる。実際，ミュンヘンのタクシー運転手は，ABSを装備した車に乗務するときのほうが在来車に乗るときよりもスピードを出し，車間距離をつめ，事故率が多かったという報告もある（Wilde, 1994）。もしそうだとすると，シートベルトの法的強制や，ITSなどの自動車の技術革新は安全にまったく貢献しないということになるのだろうか。リスク・ホメオスタシス説は発表以来大きな論争を巻き起こしたが，その論争はまだまだ続きそうである。

心理の仕事と資格

　大学で学んだ心理学を将来の仕事に活かしたいと思っている人にとって，心理の専門職としてどんな仕事があるのか，どんな職域なら心理学を活かせるのかといった情報を得ることは重要な関心ごとだろう。そこで，そのような人たちのために簡単な就職ガイドとしてこの付録をもうけた。
　本書の内容からわかるように，心理学は多様な分野にまたがっている。本書でとりあげることのできなかった領域もいくつかある。また，心理学を専攻できる学部も，文学部をはじめ，教育学部，工学部など，いろいろあって，学部や専攻を活かした特色のあるカリキュラムを編成している。しかし，現在のところ日本では心理学部という単独の学部はない（近い将来に実現する可能性はある）。したがって，医学部（医師）や看護学部（看護婦）などとは違って，心理学が将来の仕事に直結することは少ない。そこで，数少ない心理学の専門職から関連領域までを簡単にガイドしてみることにする。

❶　心理学の職域

　①行政関係　　国家公務員試験Ⅰ種心理職に合格すると，法務省（少年鑑別所），労働省（職業安定所）など，各省に採用されるが，基本的に行政職であり，しかもかなりの狭き門である。裁判所職員（家庭裁判所調査官補）採用Ⅰ種試験に合格すると，各家庭裁判所に配属され，研修を受けて家事事件や少年事件の業務に就く。国家公務員Ⅱ種や地方公務員の心理職（児童相談所の心理判定員など）という道もある。そのほか，やや特殊であるが，科学警察研究所，科学捜査研究所，航空医学実験隊（防衛庁）のような職域もある。
　②研究職　　大学や国立の研究所で心理学の研究をする。鉄道総合技術研究所や民間の研究施設などで研究することもあるが，大学院を修了していることが前提となる。学部卒で研究職に就くことはむずかしい。
　③医療関係　　病院の臨床心理士，精神保健センターの臨床心理技術者な

ど。

　④福祉関係　　老人福祉施設の介護ケア，心身障害者施設の指導員，家庭児童相談室の相談員など。

　⑤教育関係　　スクールカウンセラー（学校臨床心理士），スクールサイコロジスト（学校心理士），学生相談室や教育研究所のカウンセラーなど。

　⑥産業関係　　労務管理や人事管理の仕事，産業カウンセラーなど。

　⑦スポーツ関係　　メンタルトレーニングや精神保健の管理など。

　最近とくに心理学の職域として注目されている臨床心理士の職域としては，上記のほかに，相当な経験を経てからであるが，個人開業という道もある（臨床心理士の職域については，大塚義孝・小川捷之編〔1995〕『臨床心理士職域ガイド』〔こころの科学増刊〕日本評論社，を参照していただきたい）。

❷　心理学の資格

　臨床心理士が心理学の資格として注目されているが，それ以外にも現在いくつかの資格が認定されている。くわしくは別表（日本心理学会編集・発行〔1999〕『特集　心理学の資格』〔心理学ワールド 6〕，pp. 6-9）を参照していただきたい。ただし，現在のところこれらの心理学の資格を取得していることが心理の専門職に就くことを必ずしも保証するものではない。むしろ，新たな心理の職域を開拓してゆくための基礎資格と考えたほうがよいだろう。

付録　心理の仕事と資格

■別表：諸資格一覧

　認定機関の欄の（　）内は，その学会会員数を表し，入会基準も〔　〕内で表示した。発足年はその資格の発足年を示す。表中の記述は1998年4月現在である。

〈学会認定〉

心理リハビリテーション資格

認定機関　日本リハビリテーション心理学会（214）　発足：1973年　登録者数：トレーナー1,369／スーパーバイザー246

目　　的　動作訓練を中心とする心理リハビリテーションに関する高い学術的水準の知識・技術の普及と維持および研究の進歩を図る。

認定基準　トレーナー：資格認定委員会に認められた認定キャンプに3回以上参加するか，もしくはそれと同等以上の経験を有し，かつスーパーバイザーによって臨床的資質や理論的基礎が十分であると推薦された者。資格申請書・推薦書の提出により資格認定委員会が審査・認定する。スーパーバイザー：大学またはそれに準ずる機関で下記の各科目に関する基礎知識を修得し，認定トレーナー資格修得後，資格認定委員会が定めた認定キャンプ5回以上または，それと同等以上の研修を修得していること。以上の条件を満たし，かつ3名以上のスーパーバイザーによってスーパーバイザー候補者として推薦された者。資格申請書・推薦書の提出により，資格認定委員会が審査・認定する。

職能分野　教育・福祉／特になし

取得費用・有効期間　申請料5,000円，資格認定料トレーナー：5,000円，スーパーバイザー：15,000円

更新費用・更新条件　5年ごと（スーパーバイザーのみ）費用5,000円。資格認定委員会の定める2領域・20ポイント以上の臨床研修を修得すること。

倫理規程／その他　無。／スーパーバイザー修得科目：臨床心理学，心理療法，動作理論，行動理論，発達心理学，運動生理学，リハビリテーション，養護・訓練。

認定カウンセラー

認定機関　日本カウンセリング学会（2,900）〔1.　4年制の大学の卒業者　2.　短大・高専・専門学校等の卒業者：3年以上　3.　高校卒業者：6年以上　左記の条件で，カウンセリングの研究・学習または実践を行っている者。推薦者2名必要。〕　発足：1986年　登録者数：174

目　　的　カウンセラーの資質の向上。

認定基準　日本に5年以上定住し，学会入会後2年以上活動し，次の5条件を満たした者。(1) スーパービジョン：学会が委嘱したスーパーバイザーに最低3回以上指導を受けた者。ただし3事例であること。(2) 学会発表：カウンセリングに関する研究を学会に2回以上発表していること（うち1度は本学会）。(3) 研修会・研究会・講演会への参加：本学会主催のものに15時間以上参加していること。(4) グループ体験：エンカウンター，サイコドラマ，グループ合宿など，15時間以上参加していること。(5) 印刷物による発表：カウンセリングに関する論文，事例，実践報告，調査など。以上5条件を満たした者に面接を行い，総合評価して判定する。

付録　心理の仕事と資格

職能分野　学校・職場・病院・地域などでのカウンセラー。
取得費用・有効期限　審査料20,000円，認定料30,000円　有効期間：7年
更新費用・更新条件　更新料：30,000円　継続していくためにはポイントの取得が必要。
倫理規程／その他　有。／現在制度を移行している途中である。やがてカリキュラム制度に変わる予定である。

認定催眠技能士

認定機関　日本催眠医学心理学会（463）　発足：1986年　登録者数：30
目　　的　催眠科学の進歩と発展を図り，あわせて国民の健康と福祉の向上ならびに教育の進展に資するため，催眠について一定の識見と技能を有する本学会員に対しその資質の認定を行う。
認定基準　(1) 本学会会員として一定期間在会し，会員としての義務を果たし，会員たるにふさわしい者。(2) 催眠もしくは催眠技能についての研究論文，事例（症例）報告もしくは実践報告を有する者（上記についてはその形式，内容により得点基準が設定され合計〇〇点以上との規定がある）。認定方法：書類審査，面接試験，筆記試験。
職能分野　基礎および臨床心理学，医学，歯学，教育，教育相談，法学において，催眠を利用した業務に対する識見・技能のオーソライズ。
取得費用・有効期間　取得費用70,000円　有効期間：10年
更新費用・更新条件　検討中。
倫理規程／その他　有。

認定バイオフィードバック技能士

認定機関　日本バイオフィードバック学会（500）〔大学卒業以上の者および，それに準ずる者〕　発足：1988年　登録者数：12
目　　的　優れた学識と技能を有する専門技能者の要請およびバイオフィードバック科学の進歩・発展を図り，国民の健康と福祉に資するため，本学会に所属し一定の学識と技能を有する会員に対し，その資質を認定する。
認定基準　以下の条件を全て満たした者。(1) <u>本学会の正会員</u>として5年以上在会し，会員としての義務を果たした者。(2) バイオフィードバックについての研究論文を日本学術会議加盟の学会機関誌等に複数編発表している者。(3) 本学会の主催する研修会または本学会の認定する機関において所定の単位を修めた者。
職能分野　psychophysiological research, stress management, rehabilitation, social welfare, sport performance enhancement, education etc.
取得費用・有効期間　認定審査料10,000円，認定登録料50,000円　有効期間：10年
更新費用・更新条件　未定
倫理規程／その他　無。

家族相談士

認定機関　日本家族相談士資格認定委員会（日本家族心理学会（600），日本家族カウンセリング協会）〔家族心理学会入会資格：イ）大学院研究科で心理学を専攻した修士号取得者，およびこれと同等以上の学歴を有する者　ロ）大学学部において心理学を専攻し，卒業後3年以上の，家族に関する心理学上の研究歴（家族心理研究歴）を有する者，ま

たは家族に対する心理面の援助（家族援助経験）を有する者　ハ）大学学部において家族社会学，教育社会学，教育学，精神保健学，社会福祉学，看護学，母子保健学等の人間科学の専攻者で，原則として卒業後5年以上の，家族心理研究歴または家族援助経験を有する者〕発足：1992年　登録者数：21

目　　的　わが国の家族心理学の知識と技法の社会的活用に資するためおよび次のような業務を行う援助者に対する社会的要請に応えるための資格者の養成のため。1．家族の人間関係の調整，家族機能の活性化の援助，2．より健康な家族関係をつくるための助言，指導，啓蒙活動，3．家族臨床領域の専門家による家族援助を事前に，あるいは側面から協力援助。

認定基準　次のいずれかに該当する者。(1) 日本家族カウンセリング協会，または日本家族心理学会に入会して2年以上を経過した者で，両団体が主催する研修会，ワークショップ，養成講座で，所定の学習を修めると共に臨床経験を有する者。(2) 家族臨床領域で，研究業績および臨床実績を有する者。所定の学習の領域と時間数は以下(a)(b)のいずれかを指す。(a) 研修会・ワークショップにおける学習から：人間発達研究の領域（12時間以上），夫婦・家族研究の領域（24時間以上），夫婦・家族療法の領域（24時間以上），倫理・法律の領域（6時間以上），計66時間以上。(b)「家族相談士養成講座」に登録し，各領域50％以上，全体で75％以上出席した者。人間・家族発達と心の健康（16時間），夫婦・家族研究（18時間），夫婦・家族カウンセリング（36時間），調査・研究法（2時間），専門職の倫理・法律（6時間），特別講義（6時間），計84時間。資格審査は書類審査，筆記試験および口述審査により年1回行われる。上記(2)の該当者については，筆記試験および口述審査を免除することがある。また，臨床経験については書類および，口述試験で審査されるが，一定の基準はない。

職能分野　家族臨床の専門家がいる各種機関，あるいは家族臨床専門家のスーパーヴィジョンを受けられるような立場で，家族の援助活動を行うことのできる場。たとえば，電話相談，職場・学校・社会・教育の場・保健所・公民館・女性センターなどが考えられる。

取得費用・有効期間　審査料20,000円，登録料30,000円。有効期間は定めていないが，「家族相談士は日本家族心理学会，日本家族カウンセリング協会の行う研究大会，研修会に出席し，常に資質の向上に努めなければならない」という規定がある。

更新費用・更新条件　なし。

倫理規程／その他　有。

自律訓練法指導資格＊

認定機関　日本自律訓練学会（585）　発足：1994年　登録者数：基礎資格13，上位資格34

目　　的　一定水準以上の知識と技能を有する自立訓練指導者の要請と需要先への推薦。

認定基準　自律訓練法基礎指導資格（基礎資格）：本学会正会員歴3年以上（準会員は5年以上）で，研究業績（自律訓練法中心の業績一覧およびこれに関する資料や証明書），自律訓練法・自律療法の実践訓練歴，自律訓練法の自己訓練記録等を提出し，書類にて審査される。自律訓練法専門指導資格，自律訓練法臨床指導資格（上位資格）：基礎指導資格取得後3年を経ている本学会正会員で，研究業績（基礎資格取得後の自律訓練法中心の業績一覧およびこれに関する資料や証明書），自律訓練法・自律療法の実践訓練

付録　心理の仕事と資格

歴，自律訓練法の自己訓練記録，自律訓練法実践ケースレポート等を提出し，書類選考および試験にて審査される。試験は筆記と面接による。
職能分野　医学・歯学・教育・スポーツ・産業などの各界におけるカウンセラー・訓練指導者。
取得費用・有効期間　審査料5,000円，認定料30,000円。
更新費用・更新条件　更新審査料（更新料含む）5,000円。5年ごとに活動記録を添え，再申請することができる。
倫理規程／その他　有。／*自律訓練法基礎指導資格（基礎資格）自律訓練法専門指導資格・自律訓練法臨床指導資格（上位資格）

学校カウンセラー

認定機関　日本学校教育相談学会（2,600）〔1．教育相談について中級程度の研修を修了していること　2．支部の理事会の承認を受けること　3．理事長の承認を受けること〕発足：1995年　登録者数：291
目　　的　学校内において学級（HR）担任・養護教諭と連携・協力して業務を行い，常に研修と研究に努め，学校教育相談を推進し，人間関係を重視し，他の教師の信頼を受け，校内教育活動の円滑化を図る，こうした教育相談に専門に従事する教師の資格を一定基準により認定することを目的とする。
認定基準　次の条件を満たしている者。(1) <u>本学会の会員</u>として5年以上（当分の間，暫定措置として3年以上）所属し，会員としての義務を果たしていること。(2) 教職経験（指導主事を含む）が10年に達していること。(3) 教育相談係（またはそれに準ずる者，たとえば生徒指導主事等）として5年以上の経験があること。(4) 教育相談活動の実績（相談事例をもっていたり，学校内で教育相談の実績を積んでいたりすること）をもち，それを発表していること。(5) 本学会研究大会，または都道府県・政令指定都市単位以上の学会や研究会において申請5年以内に1回以上口頭発表あるいは論文による発表の実績があること。(6) 学校カウンセラーにふさわしい研修を受けていること。1) 学校教育相談に関する理論（120分程度のものを8回以上）2) 心理臨床に関する理論（120分程度のものを8回以上）3) 学校教育相談の技法に関する理論と演習（120分程度のものを8回以上）。(7) 学校カウンセラーとして，校内で連携を保ち業務を遂行するにふさわしい識見・人柄をもっていること。
職能分野　学校における：教育相談係，生徒指導主事，養護教諭。教育行政機関における：教育相談員等。
取得費用・有効期間　認定手数料20,000円，認定料20,000円　有効期間：5年
更新費用・更新条件　更新手数料10,000円，更新料20,000円
倫理規程／その他　有。

認定行動療法士

認定機関　日本行動療法学会（686）〔4年制大学を卒業しているか，またはそれと同等の資格をもつ者。〕発足：1995年　登録者数：24
目　　的　学会のレベルアップおよび，行動療法家のスタンダードを明示。専門職としての社会的な評価を高める。
認定基準　(1) <u>本学会の会員</u>であり，かつ会員歴が引き続き5年以上の者。(2) 本学会が主

付録　心理の仕事と資格

催する行動療法に関する研修を延べ30時間以上受けている者。(3)本学会で研究発表を1回以上行っている者。(4)行動療法に関する研究論文を1編以上公表している者。ただし共著論文の場合は，申請者が筆頭か，第2著者，第3著者のものに限る。

職能分野　なし
取得費用・有効期間　資格審査料30,000円，資格登録料20,000円　有効期間：6年。
更新費用・更新条件　資格登録料のみ。更新の条件：更新希望日から起算して過去6年間において以下の(1)を含む10時間以上の研修を受けていること。(1)本学会の主催する認定行動療法士のための研修会（3時間），(2)本学会の主催する研修会，(3)機関誌論文投稿および大会等における研究発表の研修相当時間。
倫理規程／その他　検討中。／資格申請時にケースレポート（400字詰め原稿用紙30枚程度）提出。資格に関して，基礎的知識，技能，研究能力および提出されたケースレポートに関して面接を行う。

認定応用心理士

認定機関　日本応用心理学会（900）〔1. 4年制以上の大学で心理学およびその隣接分野を専攻した者　2. 1. に準じる者〕　発足：1995年　登録者数：95
目　　的　心理学およびこれに基づく学術技芸の応用発展を促進し，隣接諸科学との交流を図り，もってわが国の文化の向上発展に貢献する。
認定基準　本学会に入会し満2年を経過した会員で次のいずれか1つに該当し，応用心理学の専門職としての資質があると認められた者。1) 心理学専攻またはこれに準ずる学科を卒業した者（学士以上の学位）。2) 本学会機関誌に1件以上の研究論文（共著も含む）を発表，または本学会の年次大会に2件以上の研究発表（連名発表者は除く）をした者。3) 認定審査委員会が応用心理学と関係があると認めた専門職で3年以上の経験を有する者。
取得費用・有効期間　審査料10,000円，認定料30,000円。本学会を退会したときは認定応用心理士の資格を失う。

認定健康心理士**

認定機関　日本健康心理学会（1,200）〔1. 大学または大学院の健康心理学関連の学科を卒業し，2. 現在の研究または業務が健康心理学に関連している者。1. 2. のいずれか一方または両方を満たしていない者は準会員。〕　発足：1997年　登録者数：30
目　　的　健康心理学を通じ国民の健康の向上，健康心理学の研究の実践，専門家の養成を図ることを目的とする。
認定基準　健康心理士①会員として2年以上在会②研究業績等15点以上（論文3点，大会発表2点など）③資格審査に合格（健康心理カウンセリングの実績審査を含む）。専門健康心理士①健康心理士として3年以上の経験②研究業績等15点以上（うち本学会機関誌に8点以上）③資格審査に合格（健康心理カウンセリングの実績審査を含む）。指導健康心理士①専門健康心理士として5年以上の経験②研究業績等20点以上（うち本学会機関誌に10点以上）③資格審査に合格（健康心理カウンセリングの実績審査を含む）。
職能分野　学校，企業，官公署，地域社会。
取得費用・有効期間　取得費用50,000円　有効期間：5年。
更新費用・更新条件　40,000円

付録　心理の仕事と資格

倫理規程／その他　有。／**健康心理士（学士段階以上）専門健康心理士（修士段階以上）指導健康心理士（博士段階以上）

学校心理士

認定機関　日本教育心理学会（4,340）〔1．4年制大学で心理学または教育学専攻を卒業した者　2．1．以外の専攻の者で，教職歴が3年以上の者。〕　発足：1997年　登録者数：750

目　　的　心理教育的援助サービスの質の向上を図る。

認定基準　認定条件に5種類あり，それぞれ認定基準が異なる。①日本教育心理学会員であることが必要。②試験なし。書類審査による。(1)類型1の場合：専修免許状を有する場合。③カリキュラム（6科目12単位）：1．教育心理学，2．発達心理学，3．臨床心理学，4．生徒指導・進路指導の実習，5．教育評価・心理検査の実習，6．学校カウンセリングの実習。○1年間インターンが必要。○ケースレポートが必要である。(2)類型2の場合：幼小中高の教師の場合。○ケースレポートが必要である。○5年以上の学校心理学に関わる専門実務に従事したこと。(3)類型3-1の場合：○類型1と2以上の能力と識見があること。○学校心理学に関する研究業績，専門実務実績。(4)類型3-2の場合：専門機関で学校心理学に関わる専門実務に従事したこと。○学校心理学に関する研究業績，専門業務実績。○学卒は経験が5年以上。修士卒は経験が2年以上。○ケースレポートが必要である。(5)類型4の場合：外国でスクールカウンセラーの資格を有すること。

職能分野　スクールカウンセラー，教育相談員，教育相談担当教師，生徒指導担当教師，障害児教育担当教師。

取得費用・有効期間　認定料20,000円，登録料10,000円，通信費・維持経費（5年分）10,000円　有効期間：5年。

更新費用・更新条件　規定あり。

倫理規程／その他　有。

キャリアカウンセラー

認定機関　日本進路指導学会

目　　的　進路選択に対しての専門カウンセラー。

職能分野　教育・産業分野。

〈法人認定〉

臨床心理士

認定機関　（財）日本臨床心理士資格認定協会（文部省認定）（日本心理臨床学会会員数7,800）　発足：1988年　登録者数：5,470（うち医師234）

目　　的　この国の心理臨床家の正当な専門性を社会化させる。

認定基準　受験資格：①心理学専攻の博士課程前期または修士課程を修了後1年以上の心理臨床経験を有する者。②心理隣接諸科学専攻の博士課程前期または修士課程を修了後2年以上の心理臨床経験を有する者。③諸外国で①または②のいずれかと同等以上の教育歴および2年以上の臨床経験を有する者。④医師免許取得者で取得後2年以上の心理臨床経験を有する者。⑤大学学部において心理学または心理学隣接諸科学を専攻し卒業

後5年以上の心理臨床経験を有する者。試験：筆記（マークシート，小論文），口述面接試験。学会員である必要：なし。大学院でのカリキュラム：a．講義もしくは演習，b．スーパービジョン。

職能分野　教育，医療・保健，福祉，司法・矯正，労働・産業，私立の相談機関／文部省実施のスクールカウンセラー派遣制度への任用（92％）。
取得費用・有効期間　資格審査料30,000円，資格認定証交付手数料50,000円　有効期間5年。
更新費用・更新条件　費用20,000円。条件：臨床心理士教育・研修規定別項の定める15ポイントの研修実績。
倫理規程／その他　有。／大学院指定制。

認定心理士

認定機関　（社）日本心理学会（5,800）（文部省認定）　発足：1900年　登録者数：2,305（97年末現在）
目　　的　心理学のミニマムエッセンスを取得していることを認定。
認定基準　学会員である必要：なし，試験：なし。取得に必要な科目は1．基礎科目：(1)心理学（概論），(2)心理学研究法・心理学測定法，(3)心理学基礎実験・心理学演習の3つの領域に属する科目を各々3単位以上。2．選択必修科目：(1)学習心理学・知覚心理学，(2)教育心理学・発達心理学，(3)比較心理学・生理心理学・神経心理学，(4)臨床心理学・人格心理学，(5)社会心理学・集団心理学・産業組織心理学の5つの領域のうち，3領域以上で各領域3単位以上合計16単位以上。3．2の(1)～(5)の各領域のいずれかに属する科目および心理学関連科目および卒業論文をあわせて10単位。1．2．3．の合計で38単位を取得していることが条件。
職能分野　臨床・学校・職場・地域など
取得費用・有効期間　審査料10,000円，認定料30,000円　有効期間：規定なし。
更新費用・更新条件　更新制度なし
倫理規程／その他　なし。／認定基準の詳細は資格申請の手引き記載の細則および細則別表を参照のこと。認定基準は2001年4月から一部変更の予定。

産業カウンセラー（初級・中級・上級）

認定機関　（社）日本産業カウンセラー協会（労働省認定）　発足：1992年　登録者数：初級5,320，中級283，上級13
目　　的　会社員・公務員・看護婦・保育士・教員等働いている人のカウンセリングをするため。
認定基準　①学会員でなくてもよい。②書類，学力試験，実技試験，面接試験。③書類，事例，論文，経験，面接試験。④カリキュラム：(1)初級，(2)中級あり。実務経験重視。⑤初級：産業カウンセラーとして，基礎的な学識・技能を持つ者。(1)大学で心理学または心理学隣接諸科学専攻で学士を有する者。(2)産業カウンセラーとして5年以上の実務経験者。(3)協会主催の産業カウンセラー研修の10ヶ月間受講者。中級：産業カウンセラーとして幅広い技能と経験を持ち，専門家として中核的な活動のできる者。(1)心理学または心理学隣接諸科学専攻の修士以上の者。(2)初級産業カウンセラー合格後，産業カウンセラーとして5年以上の経験者。上級：産業カウンセラーとしてそれぞれの専門分

付録　心理の仕事と資格

野で専門的知識を有し，実践的指導者。(1)心理学または心理学隣接諸科学専攻の博士を有する者。(2)初級合格後，15年以上，中級合格後10年以上の産業カウンセラー経験者。
職能分野　会社，看護婦，保育士，教員，国家公務員等の職場でのカウンセリング。
取得費用・有効期間　初級受験料30,000円（筆記免除者）20,000円，中級受験料40,000円（筆記免除者）28,000円，上級受験料50,000円（筆記免除者）35,000円，再交付手数料5,000円。
更新費用・更新条件　検討中。
倫理規程／その他　有。／9名以内の試験委員と若干名の専門委員が協会より選出されて問題を作成し，判定を行う。任期2年。志願者は年々増加。研究団体：日本産業カウンセリング学会（会員数：900名）。

〈国家資格〉

精神保健福祉士

認定機関（厚生省）　発足：1998年
目　的　精神保健福祉士法案の目的：精神保健福祉士の資格を定めて，その業務の適正を図り，精神保健の向上および精神障害者の福祉の増進に寄与することを目的とする。
認定基準　国家試験。受験資格・試験内容・受験資格を得るためのカリキュラム・実習内容等は全て法案，別添資料に細かく定められている。
指定科目：精神保健福祉士の業務を適切に行うために必要な精神障害者の保健および福祉に関する専門的な知識および技術として，4年制大学等において最低限履修すべき科目（精神医学，精神保健学，精神科リハビリテーション学，精神保健福祉論，社会福祉原論，社会保障論，公的扶助論，地域福祉論，精神保健福祉援助技術総論，精神保健福祉援助技術各論，精神保健福祉援助演習，精神保健福祉援助実習，医学一般，心理学，社会学，法学）。基礎科目：指定科目の中で福祉系専門職種との共通性が高い基礎的な科目。基礎科目履修者は，短期養成施設において必要な科目を履修した後，受験資格が与えられる。（社会福祉原論，社会保障論・公的扶助論・地域福祉論のうちの1科目，精神保健福祉援助技術総論，医学一般，心理学・社会学・法学のうち1科目）
取得費用・有効期間　取得費用：定められていないが，他の国家試験受験費用に同じ10,000円くらい。有効期限：資格取消処分を受けない限り一生。
倫理規程／その他　無。ただし罰則規定は法案にあり。

言語聴覚士

認定機関（厚生省）　発足：1998年
目　的　言語聴覚士の資格を定めるとともにその業務が適正に運用されるように規律し，もって医療の普及および向上に寄与すること。
認定基準　国家試験。受験資格：(1) 高校卒程度；指定の学校または言語聴覚士養成所において言語聴覚士として3年以上必要知識および技能を修得した者，(2) 短大卒程度；厚生大臣が指定する科目を修めた者で，1年以上必要知識および技能を修得した者，(3) 略，(4) 大学卒程度；指定科目を修めて卒業した者，(5) 大学卒程度；指定の学校または言語聴覚士養成所において言語聴覚士として2年以上必要知識および技能を修得した者，(6) 外国の学校または養成所において前各号に掲げる者と同等以上の知識および技能を有

すると認定された者。
倫理規程／その他　無。ただし罰則規定は法案にあり。／業務は医師，歯科医師の指示のもとに行う。

索　引

■ア行

アーノルド（Arnold, M. B.）	71
アイゼンク（Eysenck, H. J.）	120
愛着	90
アイデンティティ	88,123
アセスメント	130
アトキンソン（Atkinson, J. W.）	75
アルゴリズム	51
アレキシシミア	82
暗順応	7
EBMモデル	194
異常心理学	130
一語文	89
一次的情緒	69
一次的欲求	74
一般因子	99
一般問題解決プログラム	52
イディオ・サヴァン	113
遺伝	84
意味記憶	29
因子分析	120
ウェイソン（Wason, P. C.）	54
ウェーバー（Weber, E. H.）	6
ウェーバーの法則	6
ウェクスラー（Wechsler, D.）	98
ヴェルトハイマー（Wertheimer, M.）	10
ウォーフ（Whorf, B. L.）	58
ウッドワース（Woodworth, R. S.）	67
ヴント（Wundt, W.）	65
運動視差	14
影響力	150
エクマン（Ekman, P.）	69
エス	122
エネルギー代謝率	186
エピソード記憶	29
エビングハウス（Ebbinghaus, H.）	27
エリクソン（Erikson, E. H.）	88
演繹的推理	54
援助交際	176
横断的研究法	106
応用心理学	172
オーガニゼイショナル・ファクター	186
大きさの恒常性	13
奥行き知覚	13
オペラント条件づけ	40,136,156
オルポート（Allport, G. W.）	118

■カ行

ガードナー（Gardner, H.）	101
ガードナー夫妻（Gardner, R. A. & Gardner, B. T.）	57
カーネマン（Kahneman, D.）	55
快感原則	122
階層的ネットワークモデル	30
概念	49
概念駆動型処理	11
概念的妥当性	105
外発的動機づけ	187
回避−回避型葛藤	79
カウンセリング	134
科学的管理法	182
拡散的思考	109
学習の転移	113
家系研究法	107
過剰学習	113
過正当化効果	161
活性化水準	67
葛藤	78
感覚記憶	20
感覚遮断実験	77
環境	84
——の整備と安定性	107
環境閾値説	84
感情	63

210

索　引

感性動機	77	公的自意識	144
杆体	4	行動分析	136
記憶範囲	26	行動療法	66,136
帰納的推理	55	顧客満足度	192
基本的情緒	69	個人的カテゴリ化理論	146
基本的動機	74	個人特性	120
記銘	20	個体保存	74
逆向抑制	26	固着	79
客体的自覚状態	144	古典的条件づけ	35
逆転移	135	コンピュータ支援授業	159
キャテル（Cattel, R. B.）	101	コンポーネント理論	102
キャノン（Cannon, W. B.）	70	■サ 行	
キャノン-バード説	70		
キャリア・ディベロプメント・プログラム	191	サーストン（Thurstone, L. L.）	100
		再構成	20
キャリア・パス	190	サイコセラピー	134
ギャングエイジ	91	再生	20
教育分析	135	再認	20
強化	37,42	作業検査法	133
強化スケジュール	44	サベッジ-ランボー（Savage-Rumbaugh S.）	57
共感性	172		
教示処理	103	三段論法	54
共通特性	120	地	8
共鳴動作	86	CAI	159
ギルフォード（Guilford, J. P.）	101	CS	192
キレる	176	シェーピング	157
近接性	147	ジェームズ（James, W.）	69
ぐ犯少年	174	ジェームズ-ランゲ説	69
クレッチマー（Kretschmer, E.）	118	シェルドン（Sheldon, W. H.）	119
系統的脱感作法	136	ジェンセン（Jensen, A. R.）	84
系列位置効果	22	自我	122
結晶性知能	101	刺激閾	5
言語獲得装置	56	資源	110
言語性知能	104	自己	143
言語相対性仮説	58	自己決定感	163
検索	20	自己顕示欲	176
現実原則	122	自己実現	78,110
健全育成	174	市場調査	192
効果の法則	41	失感情症	82
好奇動機	77	失感情表現症	82
攻撃	79	質問紙法	133
恒常性	106	私的自意識	144

211

索　引

自発的回復	38,43	スキル	110
社会化	92	図－地反転図形	9
社会的アイデンティティ理論	146	ステレオグラム	14
社会的動機	75	ステレオスコープ	14
社会的ネットワーク	92	ステレオタイプ	172
社会的比較過程理論	145	ストレス・コーピング	187
シャクター（Schachter, S.）	71	スピアマン（Spearman, C.）	99
収束的思考	109	スモールステップの原理	159
縦断的研究法	106	性格の類型化	171
主観的輪郭	8	精神年齢	104
種族保存	74	精神分析学	122,135
シュナイダー（Schneider, K.）	171	正の強化	42
シュロスバーグ（Schlosberg, H.）	67	生理的早産	85
準拠集団	192	接近－回避型葛藤	79
順向抑制	26	接近－接近型葛藤	79
順応	7	摂食行動	73
生涯発達心理学	83	絶対閾	5
消去	38,43	節約率	27
条件刺激	37	セルフ・モニタリング	144
条件づけ	66	想起	20
条件反応	37	操作動機	77
情緒	63	双生児研究法	107
少年法	174	創造	97
情報処理	113	創造過程	109
譲歩的依頼法	151	創造性	108
触法少年	174	創造的人格	108
職務拡大	189	創造力	108
職務充実	189	ソーシャル・ファクター	186
初語	89	ソーンダイク（Thorndike, E. L.）	40
初頭効果	22	即時確認の原理	159
自律神経系	70	■タ 行	
シンガー（Singer, J.）	71		
新近性効果	22	ダーウィン（Darwin, C.）	66
心誌	120	ターナー（Turner, J. C.）	146
身体的魅力	147	ターマン（Terman, L. M.）	104
親和動機	75	退行	79
図	8	対人的距離	73
遂行	102	態度特性	120
錐体	4	第二反抗期	88
随伴性	161	大脳辺縁系	70
推理	54	代表性ヒューリスティック	56
スキナー（Skinner, B. F.）	41,158	対連合学習	28

タジフェル（Tajfel, H.）	146		内発的動機づけ	77,106,187
多重知能理論	101		喃語	89
達成動機	75,108		二語文	89
段階的依頼法	151		二次強化	39
短期記憶	20		二次的欲求	75
単純接触効果	147		二重接近-回避型葛藤	79
知覚的群化	10		ニューウェル（Newell, A.）	52
知識獲得	102		認識能力	97
知能	97		認知過程	71
知能指数	104		認知された因果律の所在	162
知能偏差値	105		認知スタイル	103
チャンク	27		認知的評価理論	162
中心転換	113		認知動機	77
中枢起源説	70			
長期記憶	22		■ハ 行	
超自我	122		ハーロウ（Harlow, H. F.）	90
調整の認知スキーマ	113		パタン認知	23
調節	13		パブロフ（Pavlov, I. P）	36
貯蔵	20		パペッツ（Papez, J. W.）	70
チョムスキー（Chomsky, N.）	56		般化	38,45
データ駆動型処理	11		反抗期	88
適刺激	5		犯罪少年	174
適性	103		犯罪心理学	169
適性処理交互作用	103		反射	85
テスト・バッテリー	113		反応形成	43
転移	135		PM理論	189
トヴァスキー（Tversky, A.）	55		非公式集団	188
動因	73		非行少年	174
投影法	133		非行のボーダレス化	176
動機	63,73,169		非社会的	176
動機づけ	74,110		Big 5	120
動作経済の原則	182		ビネー・シモン式知能検査	104
動作性知能	104		批判	97
同調行動	108		皮膚電気活動	70
特殊因子	99		ヒューマン・エラー	183
特性論	120		ヒューマン・リソース・マネジメント	
トップダウン処理	11			190
取り調べ	170		ヒューリスティック	52
			評価する過程	71
■ナ 行			表示規則	72
内観療法	137		フェスティンガー（Festinger, L.）	145
内発的動機	75		輻輳	13

213

索　引

符号化	20	明順応	7
不適刺激	5	メタ	102
不登校の治療	158	面接法	170
負の強化	43	モデリング	107
部分強化	44	森田療法	137
ブラインド・アナリシス	131	問題	51
フラストレーション	78	問題解決	51
フリッカー値	186	■ヤ　行	
プリマック夫妻（Premack, A. J. & Premack, D.）	57	誘因	73
プルチック（Plutchik, R.）	67	有能さ	163
フレンチ（French, J. R. P., Jr.）	150	指差呼称	184
フロイト（Freud, S.）	122,135	ユング（Jung, C. G.）	119
プロクセミックス	73	欲求	73
プログラム学習	158	欲求5段階説	187
分化条件づけ	39	欲求不満耐性	79
弁別閾	6	■ラ　行	
弁別刺激	45	来談者中心療法	135
返報性	148	ライフサイクル	123
忘却曲線	27	理解	97
方向づけ	97	リハーサル	20
ホーソン実験	188	リビドー	122
保持	20	流動性知能	101
ボトムアップ処理	11	両眼視差	13
ホメオスタシス	74	類型論	118
ポリグラフ	70	類似性	148
ポルトマン（Portmann, A.）	85	レイヴン（Raven, B. H.）	150
■マ　行		レディネス	104
マイペースの原理	159	練習	106
マズロー（Maslow, A. H.）	77	連続強化	44
マックレランド（McClelland, D. C.）	75	ロジャーズ（Rogers, C.）	135
末梢起源説	70	■ワ　行	
マレー（Murray, H. A.）	75	ワトソン（Watson, J. B.）	65
無条件刺激	36		
無条件反応	37		

●編著者紹介

相馬壽明（そうま・としあき）

［略歴］　1948年生まれ。京都大学大学院教育学研究科博士課程修了。
　　　　元・学習院大学文学部教授。
［主要著書・訳書］『情緒障害児の治療と教育』（田研出版）、A. スティーブンズ『自己実現の心理学』（どうぶつ社）など。

心理学 for you

2000 年 4 月 1 日第 1 版 1 刷発行
2007 年 12 月 25 日第 1 版 3 刷発行

編著者 ── 相　馬　壽　明
発行者 ── 大　野　俊　郎
印刷所 ── 株式会社シナノ
製本所 ── グリーン製本
発行所 ── 八千代出版株式会社
　　　　　〒101-0061　東京都千代田区三崎町 2-2-13
　　　　　TEL　03-3262-0420
　　　　　FAX　03-3237-0723
　　　　　振替　00190-4-168060

＊定価はカバーに表示してあります。
＊落丁・乱丁本はお取替えいたします。

Ⓒ2000 Printed in Japan

ISBN978-4-8429-1141-0